PDA Autisme pour les enseignants

Un guide pratique pour les éducateurs sur l'adaptation, la compréhension et la communication avec les étudiants souffrant d'évitement pathologique de la demande

Johanna Burrows

Table des matières

Introduction

Le cheminement vers la compréhension et le soutien efficace des personnes souffrant d'évitement des exigences pathologiques (PDA) est à la fois instructif et essentiel pour les éducateurs. À mesure que nous approfondissons les complexités de ce sous-type particulier d'autisme, il devient évident qu'une approche nuancée et adaptée est nécessaire pour créer un environnement d'apprentissage inclusif et prospère. Ce livre vise à guider les éducateurs à travers les multiples facettes du PDA, en leur fournissant des informations pratiques, des stratégies et des ressources pour améliorer leur capacité à s'adapter, à comprendre et à communiquer avec les étudiants présentant des traits de PDA.

Comprendre l'évitement de la demande pathologique (PDA)

L'évitement des demandes pathologiques (PDA) est un profil distinctif et complexe au sein du spectre autistique, caractérisé par une aversion extrême envers les demandes et les demandes quotidiennes. Il est crucial que les éducateurs saisissent les nuances du PDA pour faciliter un soutien efficace. Les individus PDA présentent un besoin anxieux de résister et d'éviter les demandes externes, ce qui entraîne des défis dans divers domaines de la vie, y compris l'éducation. L'exploration des critères diagnostiques et des caractéristiques cliniques est fondamentale pour reconnaître les comportements des PDA.

De plus, l'examen des fondements psychologiques du PDA met en lumière les luttes internes auxquelles sont confrontés les individus. L'interaction de l'anxiété, des problèmes de contrôle et des difficultés sociales contribue aux manifestations comportementales uniques observées chez les PDA. Les éducateurs acquièrent des informations précieuses sur le paysage interne des individus PDA, leur permettant d'aborder les interactions avec empathie et une compréhension plus profonde.

Démêler la distinction entre le PDA et les autres sous-types d'autisme est essentiel pour une identification précise. En examinant les caractéristiques qui se chevauchent et qui sont distinctives, les éducateurs peuvent affiner leurs compétences d'observation, facilitant ainsi la détection précoce et l'intervention ciblée. L'exploration des conditions comorbides souvent associées au PDA, telles que les différences de traitement sensoriel, contribue à une compréhension holistique qui éclaire les stratégies de soutien globales.

En plus des connaissances théoriques, les stratégies pratiques de gestion des comportements PDA en classe sont cruciales pour les éducateurs. Cela inclut la création d'un environnement qui minimise les déclencheurs et la mise en œuvre de techniques de communication efficaces. Les connaissances sur l'importance de la routine et de la prévisibilité pour les individus PDA guident les éducateurs dans la structuration d'expériences d'apprentissage qui favorisent un sentiment de sécurité et réduisent l'anxiété.

Importance des éducateurs dans le support des PDA

Les éducateurs jouent un rôle central dans le soutien et le développement des étudiants atteints de PDA. Reconnaissant les défis uniques auxquels sont confrontés ces individus, les éducateurs jouent un rôle déterminant dans la création d'un environnement d'apprentissage positif et inclusif. L'importance de ce rôle s'étend au-delà de la réussite scolaire pour englober le bien-être général et l'intégration sociale des étudiants PDA.

L'une des principales contributions des éducateurs réside dans l'identification précoce des traits du PDA. En étant sensibles aux signaux subtils et aux variations de comportement, les éducateurs peuvent lancer des évaluations et des interventions en temps opportun, empêchant ainsi les défis potentiels de s'aggraver. Cette intervention précoce a un impact significatif sur la trajectoire de l'expérience éducative d'un étudiant PDA, jetant ainsi les bases de sa réussite future.

La création d'un environnement de classe favorable est la pierre angulaire d'un soutien efficace des PDA, et les éducateurs sont à l'avant-garde de cet effort. En comprenant les sensibilités sensorielles et les préférences des individus PDA, les éducateurs peuvent adapter l'espace physique et le matériel d'apprentissage pour minimiser la détresse et améliorer l'engagement. Cette adaptabilité favorise un sentiment d'appartenance et de sécurité, essentiel au bien-être des étudiants PDA.

Dans le domaine de la communication, les éducateurs détiennent la clé pour débloquer des stratégies d'interaction efficaces. Une communication claire et cohérente, associée à une prise de conscience des signaux non verbaux, crée un environnement dans lequel les étudiants PDA se sentent compris et soutenus. Les éducateurs servent de modèles, façonnant des modèles de communication positifs qui s'étendent au-delà de la salle de classe jusqu'aux interactions sociales et à la vie quotidienne.

Les plans d'enseignement individualisés (PEI) adaptés aux besoins spécifiques des élèves PDA reposent largement sur l'expertise des éducateurs. En collaborant avec d'autres professionnels, soignants et spécialistes, les éducateurs contribuent à l'élaboration d'objectifs et d'aménagements ciblés. Un suivi régulier et des ajustements de ces plans garantissent un soutien et une progression continus, mettant l'accent sur le rôle dynamique que jouent les éducateurs dans l'élaboration du parcours éducatif des étudiants PDA.

Au-delà du domaine académique, les éducateurs contribuent activement au développement social des individus PDA. Faciliter les interactions entre pairs, promouvoir l'inclusion et favoriser la compréhension entre camarades de classe sont des éléments essentiels de la création d'un environnement social favorable. Les éducateurs deviennent des défenseurs de l'intégration sociale, remettent en question les stéréotypes et favorisent une culture d'acceptation au sein de la communauté scolaire.

Chapitre 1

Aperçu des troubles du spectre autistique

Les troubles du spectre autistique (TSA) représentent un large éventail de conditions neurodéveloppementales caractérisées par des défis de communication sociale et des comportements répétitifs. Comprendre le spectre plus large est essentiel pour que les éducateurs puissent répondre aux besoins uniques des élèves aux profils variés.

Différencier le PDA des autres sous-types d'autisme

Au sein du vaste spectre de l'autisme, différents sous-types émergent, chacun avec ses caractéristiques et ses défis distincts. Le PDA, un sous-type relativement moins reconnu, se distingue par son évitement prononcé des demandes et des requêtes. Différencier le PDA des autres sous-types d'autisme nécessite une compréhension nuancée des caractéristiques communes et distinctives.

L'autisme, en tant que spectre, englobe une gamme d'affections, notamment le syndrome d'Asperger, le trouble désintégratif de l'enfance et le trouble envahissant du développement non spécifié ailleurs (TED-NOS), entre autres. Les PDA, tout en partageant certaines caractéristiques globales avec ces sous-types, se caractérisent par leur réponse spécifique aux demandes. Les individus PDA affichent une aversion et une résistance extrêmes aux demandes extérieures, ce qui les distingue de ceux présentant d'autres profils autistiques.

Reconnaître les nuances comportementales est crucial pour les éducateurs qui souhaitent fournir un soutien personnalisé. Les individus PDA présentent souvent des défis sociaux typiques des TSA, tels que des difficultés avec les signaux sociaux et à entretenir des relations. Cependant, la caractéristique déterminante réside dans leur réponse aux demandes, où l'évitement motivé par l'anxiété occupe une place centrale. Cet aspect unique nécessite que les éducateurs soient à l'écoute des déclencheurs spécifiques qui suscitent des comportements d'évitement, permettant ainsi des interventions et un soutien ciblés.

De plus, il est essentiel de comprendre la trajectoire de développement du PDA par rapport à d'autres sous-types d'autisme. Le PDA est souvent caractérisé par un parcours de développement distinct, certaines personnes présentant des retards dans l'acquisition du langage et des capacités motrices. Les éducateurs doivent être conscients de ces variations développementales pour mettre en œuvre des stratégies appropriées et favoriser des expériences d'apprentissage optimales.

Dans le cadre éducatif, différencier le PDA des autres sous-types d'autisme implique une collaboration avec des spécialistes et des professionnels. Les évaluations diagnostiques, intégrant les commentaires de psychologues, d'orthophonistes et d'ergothérapeutes, facilitent une identification précise. La collaboration s'étend au-delà du diagnostic, impliquant une communication continue pour adapter les stratégies de soutien en fonction des besoins évolutifs de l'étudiant.

Caractéristiques communes des TSA

Bien que le PDA présente des caractéristiques uniques, il existe des caractéristiques communes partagées par le spectre plus large des troubles du spectre autistique. Une compréhension globale de ces traits communs est fondamentale pour les éducateurs, fournissant un cadre pour des pratiques inclusives et un soutien ciblé.

- **Défis sociaux :** Les personnes atteintes de TSA sont généralement confrontées à des difficultés dans leurs interactions sociales. Les défis peuvent se manifester par un contact visuel limité, des difficultés à comprendre les signaux sociaux et des difficultés de réciprocité dans la communication. Les éducateurs jouent un rôle central dans la création d'un environnement inclusif qui favorise le développement des compétences sociales et soutient les interactions positives entre pairs.

- **Comportements répétitifs :** Les comportements répétitifs, notamment les rituels, les routines et les intérêts spécifiques, sont des caractéristiques distinctives des TSA. Ces comportements servent de mécanismes d'adaptation et de voies d'autorégulation. Les enseignants peuvent exploiter ces connaissances pour créer des environnements d'apprentissage structurés et prévisibles qui correspondent aux préférences des élèves du spectre.

- **Sensibilités sensorielles :** Les différences de traitement sensoriel sont répandues dans les TSA, influençant la façon dont les individus perçoivent et réagissent aux stimuli sensoriels. Les sensibilités sensorielles peuvent se manifester par une hypersensibilité ou une hyposensibilité à des stimuli tels que la lumière, le son ou le toucher.

Les éducateurs ont intérêt à reconnaître et à répondre à ces besoins sensoriels, en créant des espaces sensoriels et en adaptant les méthodes d'enseignement en conséquence.

- **Différences de communication :** Les problèmes de langage et de communication sont fréquents dans les cas de TSA, allant d'un retard dans l'acquisition du langage à des difficultés de compréhension de la communication non verbale. Les éducateurs jouent un rôle essentiel en soutenant le développement de la communication grâce à des interventions ciblées, des outils de communication augmentés et en favorisant une culture de classe communicative et inclusive.

- **Inflexibilité et résistance au changement :** Les TSA impliquent souvent une préférence pour la similitude et une résistance aux changements de routine. Les éducateurs peuvent atténuer les défis liés au manque de flexibilité en fournissant des horaires visuels, en proposant des transitions claires et en introduisant progressivement des changements. Comprendre le rôle de la routine dans la vie des personnes atteintes de TSA contribue à créer un environnement d'apprentissage plus accommodant.

- **Forces et talents particuliers :** Reconnaître et exploiter les forces et les talents particuliers des personnes atteintes de TSA font partie intégrante d'un soutien efficace. Même s'il existe des défis, de nombreuses personnes atteintes de TSA excellent dans des domaines spécifiques, comme les mathématiques, la musique ou les arts visuels. Les éducateurs peuvent créer des opportunités pour mettre en valeur et développer ces talents, en promouvant une approche de l'éducation basée sur les points forts.

Chapitre 2

Identifier le PDA en classe

Identifier l'évitement des demandes pathologiques (PDA) en classe est une tâche nuancée et cruciale pour les éducateurs.

Reconnaître les comportements du PDA

La reconnaissance des comportements PDA nécessite une observation approfondie de la manière dont les élèves répondent aux demandes et aux demandes dans le contexte de la classe. L'un des indicateurs clés est un niveau intense et disproportionné d'anxiété et de résistance face aux demandes. Contrairement aux autres sous-types d'autisme, les personnes atteintes de PDA présentent une tendance distinctive à éviter activement les tâches, faisant souvent de grands efforts pour résister à se conformer aux instructions.

En classe, les éducateurs peuvent remarquer un thème constant de négociation et de manipulation en réponse aux demandes. Les personnes PDA peuvent employer des tactiques sophistiquées pour contourner les demandes, notamment la distraction, le défi ou la présentation de solutions alternatives. Cet aspect manipulateur, motivé par l'anxiété et un besoin de contrôle, distingue le PDA des autres sous-types d'autisme et souligne l'importance de reconnaître la nature nuancée de ces comportements.

Une autre caractéristique des comportements des PDA est la variabilité des réponses. Bien que certaines demandes puissent déclencher une résistance extrême, les personnes atteintes de PDA pourraient volontairement s'engager dans des activités similaires si elles sont présentées comme des choix ou présentées d'une manière moins directive. Cette flexibilité de réactivité met en évidence la nature complexe des comportements des PDA et souligne la nécessité pour les éducateurs d'adapter leur approche en fonction des préférences et des déclencheurs individuels.

De plus, les éducateurs doivent être attentifs au rôle de l'évitement de la demande sociale. Les individus PDA peuvent éviter activement les interactions sociales qui impliquent des attentes ou des demandes, ce qui entraîne des difficultés dans l'établissement et le maintien de relations. Cet évitement social, associé à des réponses motivées par l'anxiété, peut avoir un impact sur la dynamique globale de la classe et nécessite une approche solidaire et compréhensive de la part des éducateurs.

De plus, identifier les comportements PDA implique de reconnaître le rôle de l'anxiété dans l'évitement de la conduite automobile. Les personnes PDA éprouvent souvent des niveaux d'anxiété accrus lorsqu'ils sont confrontés à des demandes, et cette anxiété peut se manifester de diverses manières, notamment des crises de colère, des symptômes physiques ou un retrait. Les éducateurs doivent être équipés pour faire la différence entre les réponses typiques au stress et celles révélatrices d'un PDA, facilitant ainsi des interventions ciblées pour soulager l'anxiété et créer un environnement d'apprentissage plus propice.

Premiers signes et signaux d'alarme

L'identification précoce du PDA est essentielle pour mettre en œuvre des interventions opportunes et favoriser des résultats positifs pour les étudiants. Comprendre les premiers signes et signaux d'alarme permet aux éducateurs de lancer des évaluations et de collaborer avec des spécialistes pour développer des stratégies de soutien sur mesure.

Dans les premiers stades, des signes subtils peuvent se manifester par des difficultés lors de la transition entre les activités ou par une résistance aux changements de routine. Les individus PDA présentent souvent une préférence pour la similitude et la prévisibilité, et les écarts par rapport aux routines établies peuvent évoquer une anxiété accrue et des comportements d'évitement. Les éducateurs doivent être attentifs à ces premiers signes, en mettant en œuvre des stratégies qui introduisent progressivement des changements et fournissent un soutien pendant les transitions.

Les difficultés avec les interactions sociales sont un autre signal d'alarme précoce pour les PDA. Bien que les défis sociaux soient courants dans tout le spectre autistique, les individus PDA peuvent afficher une tendance unique à éviter complètement les exigences sociales. Les premiers signes peuvent inclure une réticence à participer à des activités de groupe, un contact visuel limité et des difficultés à comprendre ou à répondre aux signaux sociaux. Les éducateurs peuvent favoriser le développement social en créant des environnements inclusifs qui permettent un engagement social progressif et en établissant un climat de confiance avec les étudiants PDA.

Les retards de langage et les modes de communication atypiques peuvent également servir d'indicateurs précoces de PDA. Bien que les individus PDA puissent avoir des capacités linguistiques variées, certains peuvent présenter des retards dans les compétences linguistiques expressives ou réceptives. Une utilisation incohérente du langage, par exemple en évitant les demandes directes ou en répondant avec un langage scripté, peut être observée. L'intervention précoce de spécialistes de la parole et du langage est essentielle pour soutenir le développement du langage et les compétences de communication.

De plus, les éducateurs doivent être vigilants quant aux sensibilités sensorielles en tant que signaux d'alarme potentiels. Les individus PDA peuvent présenter une sensibilité accrue aux stimuli sensoriels, tels que la lumière, le bruit ou les textures. Les premiers signes peuvent inclure une aversion pour des expériences sensorielles spécifiques ou une recherche d'apports sensoriels de manière non conventionnelle. Créer un environnement de classe respectueux des sens et offrir des pauses sensorielles peuvent contribuer à répondre à ces premiers signaux d'alarme.

Les éducateurs jouent également un rôle essentiel en collaborant avec les parents et les tuteurs pour recueillir des informations sur le comportement d'un élève en dehors de la classe. Les premiers signes peuvent se manifester à la maison, et une compréhension globale du comportement de l'élève dans différents environnements contribue à une identification plus précise du PDA. Une communication ouverte avec les parents facilite une approche holistique du soutien, en alignant les stratégies entre la maison et l'école.

chapitre 3

Créer un environnement de classe favorable

La création d'un environnement de classe favorable est fondamentale pour la réussite éducative et le bien-être des élèves atteints d'évitement de la demande pathologique (PDA).

Adaptation des espaces d'apprentissage pour les étudiants PDA

Concevoir un espace d'apprentissage qui répond aux besoins uniques des étudiants PDA est une tâche à multiples facettes qui implique de prendre en compte l'aménagement physique, l'organisation et l'atmosphère générale de la classe. Reconnaissant l'impact des facteurs environnementaux sur les niveaux d'anxiété des individus PDA, les éducateurs peuvent créer un espace qui minimise les déclencheurs et favorise un sentiment de sécurité.

Premièrement, l'aménagement physique de la salle de classe doit privilégier la flexibilité et la prévisibilité. Les individus PDA bénéficient souvent d'un environnement cohérent et structuré, où la disposition des bureaux, des sièges et du matériel d'apprentissage reste relativement stable. Des horaires visuels et des routines claires contribuent à un sentiment de prévisibilité, contribuant ainsi à réduire l'anxiété associée aux changements inattendus.

La création de zones désignées dans la classe pour le travail individuel, les activités de groupe et les espaces calmes permet aux étudiants PDA de naviguer dans l'environnement d'apprentissage en fonction de leurs préférences et de leurs besoins. Offrir des choix en matière de disposition des sièges, tels que des options de sièges alternatives ou un coin calme désigné, permet aux personnes PDA de sélectionner des espaces qui correspondent à leurs niveaux de confort et à leurs préférences sensorielles.

L'intégration d'indices et de supports visuels dans toute la classe facilite la communication et la compréhension des étudiants PDA. Les horaires visuels, les listes de tâches et les repères pédagogiques peuvent apporter clarté et structure, aidant ainsi les individus à anticiper et à gérer leurs activités quotidiennes. Les supports visuels contribuent également à la création d'un environnement visuel qui correspond à la préférence pour le traitement concret de l'information souvent observée chez les individus PDA.

De plus, les éducateurs peuvent mettre en œuvre des stratégies pour minimiser les distractions sensorielles au sein de l'espace d'apprentissage. Cela peut impliquer d'ajuster les conditions d'éclairage, d'utiliser des rideaux ou des stores pour contrôler la lumière naturelle et de fournir des écouteurs antibruit ou des coins tranquilles aux étudiants qui ont besoin de pauses sensorielles. Créer un environnement sensoriel implique de prendre en compte les sensibilités et préférences individuelles, permettant une personnalisation basée sur les profils sensoriels uniques des étudiants PDA.

La prise en compte de l'atmosphère de la classe est tout aussi importante dans l'adaptation de l'espace d'apprentissage. Cultiver une culture de classe positive et inclusive implique de promouvoir la compréhension entre les pairs et de favoriser un sentiment d'appartenance chez les élèves PDA. Les éducateurs peuvent faciliter cela en intégrant des activités qui célèbrent la neurodiversité, en promouvant l'empathie et en sensibilisant l'ensemble de la classe aux besoins uniques de leurs pairs PDA.

La collaboration avec les étudiants PDA dans la conception de certains aspects de l'environnement de la classe peut également renforcer leur sentiment d'action et de contrôle. La recherche d'informations sur la disposition des sièges, les aménagements sensoriels et les affichages en classe permet aux individus PDA de s'impliquer activement dans leur environnement d'apprentissage, contribuant ainsi à un sentiment d'appartenance et de confort.

Considérations sensorielles

Les différences de traitement sensoriel sont un aspect important du PDA, et les éducateurs doivent soigneusement considérer les éléments sensoriels dans l'environnement de la classe pour créer un espace de soutien. Les considérations sensorielles englobent divers facteurs, notamment l'éclairage, les sons, les textures et l'apport sensoriel global. Comprendre et aborder ces aspects sensoriels contribuent à un environnement d'apprentissage plus inclusif et plus accommodant pour les étudiants PDA.

Premièrement, les conditions d'éclairage jouent un rôle crucial dans l'expérience sensorielle des individus PDA. Certains peuvent être sensibles à un éclairage vif ou fluorescent, tandis que d'autres peuvent bénéficier de la lumière naturelle. Les options d'éclairage réglables, telles que des lumières à intensité variable ou l'utilisation de lampes, offrent la flexibilité nécessaire pour répondre aux besoins sensoriels individuels. De plus, créer des espaces désignés avec un éclairage plus doux pour les activités calmes peut être bénéfique pour les étudiants PDA qui peuvent trouver les lumières vives écrasantes.

Les sensibilités auditives sont courantes chez les personnes atteintes de PDA, ce qui rend de bonnes considérations essentielles en classe. Les éducateurs peuvent minimiser les distractions auditives en intégrant des mesures de réduction du bruit, telles que de la moquette, des rideaux ou des panneaux acoustiques. Fournir des écouteurs ou des bouchons d'oreille antibruit en option aux étudiants PDA leur permet de réguler leur environnement auditif et de réduire la surcharge sensorielle lors d'activités ou de transitions bruyantes.

Les sensibilités texturales doivent également être prises en compte lors de la conception de l'environnement de la salle de classe. Les individus PDA peuvent avoir des préférences ou des aversions pour certaines textures, tant en termes de sièges que de matériel de classe. Proposer des alternatives telles que des outils fidget, des coussins de siège texturés ou une variété d'instruments d'écriture s'adapte à diverses préférences sensorielles, favorisant le confort et l'engagement.

Intégrer des pauses sensorielles dans le programme quotidien est une stratégie précieuse pour gérer les sensibilités sensorielles. Ces pauses permettent aux étudiants PDA de réguler leurs apports sensoriels, évitant ainsi la surcharge sensorielle et favorisant le bien-être général. Les pauses sensorielles peuvent inclure des activités telles que des étirements, des exercices de pression profonde ou l'accès à des outils sensoriels comme des balles anti-stress ou des fidgets sensoriels.

La température et la circulation de l'air sont des considérations sensorielles supplémentaires qui peuvent avoir un impact sur le confort des personnes PDA. Maintenir une température confortable dans la salle de classe et assurer une ventilation adéquate contribuent à un environnement sensoriel agréable. Être attentif aux variations de température et proposer des options telles que des ventilateurs ou des contrôles de température individualisés favorise le confort sensoriel des étudiants PDA.

De plus, les éducateurs devraient collaborer avec des ergothérapeutes et d'autres spécialistes pour mieux comprendre les besoins sensoriels spécifiques de chaque étudiant PDA. Les évaluations sensorielles peuvent éclairer des stratégies et des aménagements personnalisés adaptés aux profils sensoriels uniques de chaque élève. Une communication régulière avec les parents et les tuteurs garantit également une approche holistique pour aborder les considérations sensorielles à la fois à l'école et à la maison.

Chapitre 4

Stratégies de communication efficaces

Une communication efficace est la pierre angulaire d'un enseignement réussi et du soutien aux étudiants en matière d'évitement des demandes pathologiques (PDA).

Communiquer des attentes claires

Communiquer des attentes claires est primordial pour faciliter les interactions positives et minimiser l'anxiété des personnes atteintes de PDA. La clarté et la prévisibilité des instructions contribuent à atténuer l'ambiguïté qui peut déclencher des comportements d'évitement. Les éducateurs doivent exprimer leurs attentes de manière directe et directe, en évitant un langage vague et en fournissant des détails concrets.

Les supports visuels, tels que les plannings visuels, les listes de tâches et les repères visuels, sont des outils puissants pour transmettre des attentes claires. Les personnes utilisant un PDA bénéficient souvent d'informations visuelles, car elles fournissent une représentation tangible et structurée des tâches et des routines. En incorporant des supports visuels, les éducateurs améliorent la compréhension et réduisent l'anxiété, favorisant ainsi un environnement d'apprentissage plus propice.

La cohérence dans la communication est tout aussi cruciale. Les éducateurs doivent s'efforcer de maintenir une cohérence dans le langage, le ton et la présentation de l'information. Des changements brusques dans les styles de communication peuvent être déstabilisants pour les personnes PDA, entraînant une anxiété et une résistance accrues. Une communication cohérente renforce la confiance et la prévisibilité, contribuant ainsi à une dynamique de classe plus positive et collaborative.

Fournir un préavis et des avertissements avant les transitions ou les changements dans les activités est une stratégie proactive de gestion des attentes. Les personnes PDA peuvent trouver les transitions inattendues particulièrement difficiles, et offrir des signaux clairs à l'avance leur permet de se préparer mentalement et de s'adapter au changement à venir. Cette approche minimise les surprises et contribue à créer une transition plus fluide entre les tâches.

De plus, les éducateurs peuvent recourir à des histoires et des récits sociaux pour communiquer les attentes de manière contextualisée et pertinente. Les histoires sociales constituent un moyen structuré de présenter des situations nouvelles ou difficiles, en offrant des conseils sur les comportements et les réponses appropriés. La personnalisation des histoires sociales pour répondre à des demandes ou des attentes spécifiques aide les individus PDA à naviguer plus facilement dans les scénarios sociaux et académiques.

Une collaboration active avec les étudiants pour définir les attentes est encouragée. En impliquant les individus PDA dans le processus, les éducateurs reconnaissent leur libre arbitre et leurs préférences, favorisant ainsi un sentiment de contrôle. L'établissement collectif d'attentes claires crée une compréhension partagée, favorisant un environnement d'apprentissage collaboratif dans lequel les éducateurs et les élèves contribuent au développement des normes en classe.

Les commentaires et le renforcement jouent un rôle central dans la communication efficace des attentes. Le renforcement positif pour répondre aux attentes et les commentaires constructifs sur les domaines à améliorer fournissent des conseils et de la motivation aux individus PDA. Des commentaires opportuns et spécifiques améliorent leur compréhension des attentes et encouragent une approche positive de l'apprentissage et de l'engagement.

Techniques de communication non verbale

La communication non verbale est un aspect nuancé et puissant de l'interaction, en particulier pour les personnes atteintes d'un PDA qui peuvent avoir des difficultés à traiter les informations verbales.

Le langage corporel et les expressions faciales font partie intégrante de la communication non verbale. Les éducateurs doivent être attentifs à leur propre langage corporel et s'assurer qu'il correspond au message souhaité. Maintenir une posture ouverte et accessible, établir un contact visuel et utiliser des expressions faciales expressives améliorent la clarté des signaux non verbaux, facilitant ainsi une meilleure compréhension pour les personnes PDA.

Les supports visuels s'étendent à la communication non verbale, y compris l'utilisation de gestes et d'indices visuels. L'intégration de gestes qui complètent les instructions verbales peut améliorer la compréhension et renforcer les points clés. Les repères visuels, tels que pointer vers des visuels pertinents ou utiliser des symboles, aident à transmettre des informations de manière visuelle et concrète, en tenant compte des atouts de traitement visuel des personnes atteintes d'un PDA.

La cohérence des signaux non verbaux est cruciale pour les personnes atteintes de PDA, qui peuvent s'appuyer fortement sur des informations visuelles pour interpréter les situations sociales. Les éducateurs doivent s'efforcer d'être cohérents dans leur communication non verbale, en veillant à ce que les gestes, les expressions et les indices visuels restent cohérents et prévisibles. Cette cohérence contribue à un environnement social stable et compréhensible.

Comprendre le rôle de l'espace personnel et de la proximité est essentiel dans la communication non verbale avec les individus PDA. Certaines personnes peuvent avoir une sensibilité accrue à l'espace personnel, et les éducateurs doivent être attentifs à leur niveau de confort. La conscience respectueuse de l'espace personnel contribue au sentiment de sécurité et minimise l'anxiété potentielle associée aux interactions étroites.

Les horaires visuels et les horaires restent des outils précieux dans la communication non verbale. Ces aides visuelles fournissent une représentation concrète de l'horaire quotidien, facilitant la compréhension et réduisant l'anxiété liée à la gestion du temps. Les mises à jour opportunes des horaires visuels aident également à préparer les individus PDA aux transitions et aux changements de routine.

L'utilisation de supports visuels pour l'expression émotionnelle est particulièrement bénéfique dans la communication non verbale. Les personnes PDA peuvent avoir du mal à reconnaître et à exprimer leurs émotions verbalement, mais les aides visuelles telles que les tableaux d'émotions ou les visuels d'expressions faciales fournissent un moyen tangible de transmettre et de comprendre les émotions. Encourager l'utilisation de supports visuels pour l'expression émotionnelle favorise une communication efficace et un bien-être émotionnel.

La communication non verbale s'étend à l'environnement plus large de la classe, englobant l'utilisation de la couleur, de l'éclairage et des affichages visuels. La création d'une salle de classe visuellement organisée et stimulante améliore l'expérience d'apprentissage globale des personnes atteintes d'un PDA. Une prise en compte réfléchie des éléments visuels au sein de la classe contribue à créer une atmosphère positive et solidaire.

Chapitre 5

Construire des relations positives

L'établissement de relations positives est au cœur d'un enseignement efficace et du soutien aux étudiants en matière d'évitement des demandes pathologiques (PDA).

Établir la confiance avec les étudiants PDA

Établir la confiance est un élément fondamental pour entretenir des relations positives avec les étudiants PDA. La confiance constitue la pierre angulaire d'une communication, d'une collaboration et du bien-être général efficaces des personnes atteintes d'un PDA. Reconnaissant les défis uniques auxquels sont confrontés les individus PDA, les éducateurs peuvent utiliser des stratégies spécifiques pour instaurer la confiance et créer un environnement d'apprentissage favorable.

La cohérence est un facteur clé pour établir la confiance avec les étudiants PDA. La cohérence des attentes, des styles de communication et des réponses aux comportements contribue à un environnement prévisible et sécurisé. Les individus PDA s'épanouissent souvent dans des environnements où ils peuvent anticiper et s'appuyer sur des modèles cohérents, et les éducateurs peuvent instaurer la confiance en maintenant une approche stable et fiable.

Comprendre et respecter les préférences et sensibilités individuelles est crucial pour instaurer la confiance. Les éducateurs doivent être sensibles aux profils sensoriels uniques, aux préférences de communication et aux zones de confort social des individus PDA. Respecter l'espace personnel, reconnaître les besoins sensoriels et adapter les styles de communication pour s'aligner sur les préférences individuelles contribuent à une relation positive et de confiance.

Offrir des choix et de l'autonomie au sein de l'environnement d'apprentissage responsabilise les étudiants PDA et favorise un sentiment de contrôle. En les impliquant dans les processus décisionnels liés aux tâches, aux activités ou à l'organisation de la classe, les éducateurs reconnaissent leur action et contribuent à instaurer la confiance. Offrir des choix dans des paramètres appropriés communique le respect de leur autonomie et de leur individualité.

Une communication efficace est un élément fondamental pour instaurer la confiance. Une communication claire et directe, tant verbale que non verbale, améliore la compréhension et réduit l'ambiguïté pour les personnes PDA. Les éducateurs doivent s'efforcer de transmettre l'information de manière simple, en utilisant des supports visuels et des indices non verbaux pour compléter les instructions verbales. La création d'un environnement riche en communication favorise la confiance et l'engagement positif.

La reconnaissance et la validation des émotions jouent un rôle essentiel dans l'établissement de la confiance avec les étudiants PDA. Les personnes PDA peuvent éprouver des réactions émotionnelles accrues, et les éducateurs peuvent les soutenir en reconnaissant et en validant leurs sentiments. Offrir un espace sûr pour l'expression émotionnelle et proposer des stratégies d'adaptation appropriées contribuent à une relation de confiance.

L'établissement de routines et de structures prévisibles dans l'environnement d'apprentissage est bénéfique pour instaurer la confiance avec les étudiants PDA. Les routines prévisibles créent un sentiment de sécurité et les éducateurs peuvent collaborer avec les personnes PDA pour développer des routines personnalisées qui correspondent à leurs préférences. Cette approche collaborative contribue à une relation de confiance fondée sur la compréhension mutuelle.

De plus, les éducateurs doivent être proactifs dans le traitement et la résolution des conflits. Des conflits peuvent surgir en raison de malentendus ou de difficultés de communication, et une résolution rapide et respectueuse est cruciale pour maintenir la confiance. Une communication ouverte, une écoute active et une volonté de comprendre les points de vue contribuent à la résolution des conflits et au renforcement de la confiance.

L'établissement de la confiance s'étend au-delà des interactions individuelles pour englober la culture plus large de la classe. Favoriser un environnement de classe positif et inclusif, dans lequel tous les élèves se sentent valorisés et respectés, contribue à la confiance globale au sein de la communauté d'apprentissage. Les éducateurs jouent un rôle central en modélisant des comportements inclusifs et en promouvant une culture d'empathie et de compréhension.

Collaborer avec les parents et les tuteurs

La collaboration avec les parents et les tuteurs est la pierre angulaire du soutien holistique pour les élèves souffrant d'évitement des demandes pathologiques (PDA).

Une communication ouverte et proactive est fondamentale dans la collaboration avec les parents et les tuteurs. L'établissement de canaux de communication clairs, tels que des mises à jour régulières, des newsletters ou des conférences parents-enseignants, fournit une plate-forme pour partager des informations sur les progrès, les défis et les réussites d'un élève. Des lignes de communication ouvertes contribuent à une approche collaborative de soutien aux individus PDA.

Avoir un aperçu de l'environnement familial est crucial pour comprendre l'image complète des expériences d'un étudiant PDA. Les éducateurs doivent rechercher activement des informations sur les stratégies individualisées et les aménagements qui fonctionnent bien à la maison, ainsi que sur les défis ou les préoccupations exprimés par les parents et les tuteurs. Cette approche collaborative garantit l'alignement entre les stratégies de soutien à la maison et à l'école.

Le partage des objectifs et des stratégies éducatives avec les parents et les tuteurs favorise une approche unifiée et cohérente du soutien. Les séances collaboratives de définition d'objectifs permettent aux éducateurs de recueillir les commentaires des parents et des tuteurs, garantissant ainsi que les objectifs académiques et comportementaux reflètent les besoins et les aspirations holistiques des élèves PDA. Cet engagement partagé contribue à un plan de soutien cohérent et efficace.

Fournir des ressources et des informations aux parents et aux tuteurs est essentiel pour soutenir leur compréhension du PDA. Les éducateurs peuvent partager du matériel pertinent, des lectures recommandées et des informations sur des ateliers ou des groupes de soutien axés sur le PDA. Donner aux parents des connaissances améliore leur capacité à défendre les intérêts de leur enfant et à contribuer activement au réseau de soutien collaboratif.

Reconnaître l'expertise des parents et des tuteurs est essentiel dans le processus de collaboration. Les parents sont souvent les principaux défenseurs de leurs enfants et possèdent des informations précieuses sur leurs forces, défis et préférences uniques. Les éducateurs doivent rechercher et respecter activement l'expertise des parents, en les reconnaissant comme des partenaires essentiels dans le parcours de soutien.

Faciliter des discussions ouvertes sur les besoins individualisés des étudiants PDA garantit un plan de soutien complet et personnalisé. Des enregistrements réguliers et des réunions collaboratives offrent aux éducateurs et aux parents l'occasion de discuter des progrès, des ajustements aux stratégies et de toute préoccupation émergente. Ce dialogue permanent renforce la flexibilité et la réactivité de l'accompagnement apporté.

Comprendre et respecter les dynamiques culturelles et familiales contribuent à une collaboration efficace. Les éducateurs doivent être attentifs aux nuances culturelles, à la dynamique familiale et aux préférences individuelles lorsqu'ils collaborent avec les parents et les tuteurs. L'adaptation des styles et des stratégies de communication au contexte culturel favorise un partenariat solidaire et inclusif.

De plus, les éducateurs peuvent jouer un rôle en mettant les parents et les tuteurs en contact avec des réseaux de soutien externes. Cela peut impliquer de fournir des informations sur les groupes de soutien locaux, les ateliers ou les professionnels spécialisés dans le PDA. Faciliter les liens avec d'autres familles confrontées à des défis similaires contribue à un réseau de soutien plus large pour les parents et les soignants.

Célébrer les réussites, grandes et petites, renforce l'effort de collaboration entre les éducateurs et les parents. Reconnaître les réalisations, les progrès et les développements positifs favorise un sentiment d'accomplissement partagé. Des célébrations régulières, que ce soit par le biais de notes écrites, de courriels ou de réunions informelles, contribuent à une collaboration positive et motivante qui profite au bien-être général des étudiants PDA.

Chapitre 6

Plans d'enseignement individualisés (PEI) pour PDA

Élaborer des objectifs ciblés et des aménagements

L'élaboration de plans d'éducation individualisés (PEI) efficaces est cruciale pour fournir un soutien sur mesure aux élèves souffrant d'évitement de la demande pathologique (PDA).

Le fondement d'un PEI pour un élève avec PDA réside dans l'élaboration d'objectifs clairs et spécifiques. Les objectifs doivent être élaborés avec une compréhension approfondie des forces individuelles, des défis et des préférences de l'élève. Les objectifs académiques peuvent inclure des domaines tels que le développement du langage, la communication sociale, le fonctionnement exécutif et la régulation comportementale, tout en tenant également compte des exigences spécifiques du programme.

Les objectifs sociaux et émotionnels sont primordiaux dans le contexte du PDA, reconnaissant les défis que les individus peuvent rencontrer pour naviguer dans les interactions sociales et gérer leurs émotions. Les objectifs liés au développement des compétences sociales, à la compréhension des émotions et au développement de stratégies d'adaptation contribuent au développement holistique de l'élève. L'élaboration d'objectifs sociaux qui correspondent au niveau de confort et au rythme de l'individu favorise un environnement d'apprentissage favorable et réalisable.

En plus des objectifs académiques et sociaux, les éducateurs doivent collaborer avec des spécialistes et du personnel de soutien pour intégrer des objectifs sensoriels dans le PEI. Les différences de traitement sensoriel sont répandues chez les personnes atteintes de PDA, et les objectifs liés à la régulation sensorielle et aux aménagements sensoriels contribuent à un environnement d'apprentissage plus inclusif et plus accommodant.

Les aménagements au sein du PEI doivent être adaptés pour répondre aux demandes spécifiques qui déclenchent des comportements d'évitement chez les individus PDA. Ces aménagements peuvent inclure des modifications de l'environnement d'apprentissage, des ajustements aux méthodes pédagogiques et des stratégies de soutien pour la gestion des sensibilités sensorielles. Les aménagements personnalisés contribuent à une expérience éducative accessible et solidaire pour l'étudiant.

Les supports visuels font partie intégrante des aménagements pour les personnes atteintes d'un PDA, et le PEI doit décrire leur intégration dans l'environnement d'apprentissage. Les horaires visuels, les repères visuels et les supports visuels de communication contribuent à la clarté et à la prévisibilité. Les éducateurs devraient travailler en collaboration avec des spécialistes pour déterminer les supports visuels les plus efficaces en fonction des préférences et des besoins de l'individu.

Offrir de la flexibilité dans les évaluations est un autre aménagement essentiel au sein du PEI. Les individus PDA peuvent démontrer leurs connaissances et leurs compétences d'une manière différente des méthodes d'évaluation traditionnelles. L'intégration d'évaluations alternatives, l'octroi de temps supplémentaire et la fourniture d'un environnement calme pour les tests sont des exemples d'aménagements qui répondent au style d'apprentissage unique des personnes atteintes de PDA.

De plus, le PEI devrait décrire des stratégies pour lutter contre les comportements d'anxiété et d'évitement. Ces stratégies peuvent inclure un espace calme désigné pour les pauses, l'accès à des outils sensoriels et des plans de communication explicites pour gérer les demandes.

Collaborer avec l'élève pour développer des stratégies d'adaptation personnalisées garantit que le PEI n'est pas seulement un document d'accommodements mais un outil dynamique qui évolue avec les besoins de l'individu.

Une communication et une collaboration régulières entre les éducateurs, les parents et les spécialistes sont essentielles tout au long de l'élaboration et de la mise en œuvre du PEI. La contribution de diverses parties prenantes garantit que les objectifs et les aménagements sont complets et reflètent les besoins globaux de l'étudiant. Une communication continue permet de procéder à des ajustements en fonction des progrès de l'étudiant et de l'évolution des exigences.

Suivi des progrès et ajustement des plans

Le suivi des progrès et l'ajustement des PEI sont des processus continus essentiels pour optimiser le soutien et répondre aux besoins changeants des élèves atteints d'évitement de la demande pathologique (PDA).

L'évaluation régulière des objectifs académiques, sociaux et sensoriels est fondamentale pour suivre les progrès des étudiants PDA. Les éducateurs, en collaboration avec des spécialistes, devraient utiliser une variété d'outils d'évaluation pour recueillir des données sur les réalisations et les défis de l'élève. Cela peut inclure des évaluations, des observations et des examens de portefeuille standardisés. L'évaluation continue fournit une vue complète de la croissance de l'élève et éclaire la prise de décision concernant les ajustements à apporter au PEI.

Les méthodes d'évaluation individualisées sont particulièrement utiles pour les étudiants PDA, compte tenu de leurs styles et préférences d'apprentissage uniques. Les éducateurs doivent être à l'écoute des forces et des intérêts de l'élève, en intégrant des évaluations qui correspondent à ses capacités. Cette approche personnalisée contribue à une représentation plus précise des progrès de l'étudiant et garantit que les évaluations sont significatives et pertinentes pour leur parcours d'apprentissage.

Le suivi collaboratif implique une communication et une contribution régulières de diverses parties prenantes, notamment les éducateurs, les parents, les spécialistes et l'élève lui-même. Les évaluations des progrès doivent englober non seulement les résultats scolaires, mais également le développement social et émotionnel. Les réunions collaboratives offrent des opportunités de partager des idées, de discuter des défis et d'ajuster les stratégies pour améliorer le soutien et promouvoir des progrès continus.

La collecte et la documentation des données jouent un rôle central dans le suivi des progrès. La tenue de registres détaillés des réalisations, des défis et des modèles de comportement de l'élève permet aux éducateurs de suivre les tendances et d'identifier les domaines qui peuvent nécessiter un soutien ciblé. Un examen régulier des données garantit que les ajustements apportés au PEI sont basés sur des observations éclairées et contribuent à la réussite continue de l'élève.

La flexibilité dans l'adaptation des objectifs et des aménagements est cruciale en réponse aux besoins changeants des étudiants PDA. Les PEI ne doivent pas être des documents statiques mais des outils dynamiques qui évoluent avec les progrès et le développement de l'élève. Le processus d'ajustement des plans nécessite une approche proactive et collaborative, impliquant une communication continue avec les parents, les spécialistes et l'élève pour recueillir des informations et prendre des décisions éclairées.

Les ajustements du PEI peuvent être motivés par des changements dans les résultats scolaires, les interactions sociales, les besoins sensoriels ou le bien-être général de l'élève. Par exemple, si un élève démontre des progrès significatifs dans un domaine particulier, le PEI peut être mis à jour pour refléter de nouveaux objectifs qui mettent au défi et élargissent ses capacités. À l'inverse, si des difficultés surviennent, les ajustements peuvent impliquer de peaufiner les accommodements ou d'introduire des stratégies de soutien supplémentaires.

Des séances régulières d'établissement d'objectifs impliquant l'étudiant contribuent à une approche collaborative et responsabilisante pour ajuster les plans. Solliciter l'avis de l'étudiant lui permet de participer activement au processus de prise de décision, favorisant ainsi un sentiment d'action et d'appropriation tout au long de son parcours éducatif. Les commentaires des étudiants apportent des perspectives précieuses qui éclairent les ajustements aux objectifs et aux aménagements.

Les éducateurs doivent être attentifs à l'impact potentiel des facteurs environnementaux sur les progrès de l'élève. Les changements dans l'environnement d'apprentissage, la dynamique de la classe ou les méthodes pédagogiques peuvent influencer l'efficacité du soutien fourni. La surveillance des facteurs environnementaux et la réalisation des ajustements nécessaires contribuent à une approche holistique qui répond aux besoins multiformes des étudiants PDA.

De plus, le développement professionnel continu des éducateurs garantit qu'ils restent informés des meilleures pratiques et des stratégies fondées sur des données probantes pour soutenir les personnes atteintes de PDA. Se tenir au courant des recherches actuelles et participer à des opportunités de formation pertinentes permet aux éducateurs de mettre en œuvre des stratégies efficaces et de prendre des décisions éclairées concernant les ajustements aux PEI.

Chapitre 7

Stratégies et techniques en classe

Mettre en œuvre la flexibilité dans l'enseignement

La mise en œuvre de la flexibilité dans l'enseignement est un aspect fondamental de la création d'un environnement de classe inclusif et favorable pour les élèves souffrant d'évitement des exigences pathologiques (PDA).

Une stratégie clé pour mettre en œuvre la flexibilité de l'enseignement consiste à reconnaître et à adapter le rythme d'apprentissage individuel de chaque élève doté d'un PDA. Les salles de classe traditionnelles suivent souvent un rythme d'enseignement standardisé, mais les personnes atteintes de PDA peuvent bénéficier d'une approche plus personnalisée. Les éducateurs doivent être sensibles aux vitesses variables auxquelles les étudiants PDA traitent l'information et maîtrisent de nouveaux concepts, en leur fournissant du temps et un soutien supplémentaires si nécessaire.

Offrir des choix quant à la manière dont les élèves abordent et démontrent leur apprentissage est une autre stratégie efficace. Les personnes PDA peuvent avoir des méthodes préférées pour interagir avec le contenu ou exprimer leur compréhension. Offrir des options pour différentes modalités d'apprentissage, telles que des devoirs écrits, des présentations verbales ou des activités pratiques, permet aux étudiants de choisir l'approche qui correspond à leurs points forts et à leur niveau de confort.

Intégrer de la flexibilité dans les exigences des tâches est essentiel pour réduire l'anxiété et éviter les comportements de résistance. Les personnes PDA peuvent avoir du mal à répondre à des demandes ou à des instructions rigides, ce qui entraîne des niveaux de stress accrus. Les éducateurs peuvent promouvoir la flexibilité en définissant les tâches comme des choix ou en les présentant de manière moins directive. Par exemple, au lieu de donner un ordre direct, proposer des options et négocier les attentes peut responsabiliser les étudiants PDA et encourager une participation active.

De plus, les éducateurs doivent être adaptables dans leurs styles de communication pour répondre aux divers besoins des étudiants PDA. Alors que certaines personnes peuvent s'épanouir grâce aux instructions verbales, d'autres peuvent bénéficier d'indices visuels ou d'informations écrites. Reconnaître et respecter les préférences individuelles en matière de communication contribue à une approche pédagogique plus inclusive et efficace. Une communication claire et directe, complétée par des supports visuels, contribue à réduire l'ambiguïté et à favoriser la compréhension.

L'enseignement différencié est une stratégie clé pour répondre aux divers profils d'apprentissage au sein d'une classe inclusive. Les éducateurs peuvent adapter les méthodes pédagogiques, le matériel et les évaluations pour s'adapter à différents niveaux de capacité et d'intérêts. Offrir des choix de devoirs, proposer du matériel de lecture alternatif et intégrer des approches pédagogiques variées, telles que l'apprentissage par projet ou des activités coopératives, répondent aux divers besoins des individus PDA.

Créer une routine structurée mais flexible au sein de l'environnement de classe est bénéfique pour les étudiants PDA. Des routines prévisibles contribuent à un sentiment de sécurité, mais les éducateurs doivent également être attentifs aux éventuels besoins d'ajustements. La flexibilité de la routine permet des adaptations en fonction des besoins et des préférences changeants des individus PDA, favorisant ainsi un environnement d'apprentissage équilibré et favorable.

La collaboration avec le personnel de soutien, comme les enseignants en éducation spécialisée, les orthophonistes et les ergothérapeutes, améliore la mise en œuvre de stratégies pédagogiques flexibles. Ces professionnels apportent une expertise spécialisée qui peut éclairer et compléter l'approche pédagogique globale. Une communication et une collaboration régulières contribuent à un système de soutien cohérent et coordonné qui profite aux étudiants PDA.

De plus, les éducateurs peuvent utiliser la technologie comme outil pour un enseignement flexible. L'intégration d'applications éducatives, de ressources multimédias et de plates-formes interactives offre des opportunités d'engagement varié et s'adapte à différents styles d'apprentissage. La technologie peut également être exploitée pour créer des supports visuels, des leçons interactives et des expériences virtuelles qui améliorent l'expérience pédagogique des personnes PDA.

Utiliser des supports visuels

L'utilisation de supports visuels est une stratégie puissante et essentielle pour créer un environnement d'apprentissage favorable aux étudiants souffrant d'évitement de la demande pathologique (PDA).

Les horaires visuels sont des supports visuels fondamentaux qui fournissent une représentation structurée de la routine quotidienne. Les personnes PDA bénéficient souvent d'une prévisibilité et d'attentes claires, et les horaires visuels offrent un moyen tangible de communiquer la séquence des activités tout au long de la journée. Les enseignants peuvent collaborer avec les élèves pour créer des horaires visuels personnalisés, incorporant des images, des symboles ou des indices écrits pour représenter chaque tâche ou transition.

Les repères visuels jouent un rôle déterminant dans la communication des attentes et des instructions. Les personnes PDA peuvent avoir du mal à traiter seules les informations verbales, et les indices visuels servent de moyen supplémentaire de transmission des messages. Par exemple, l'utilisation d'indices visuels pour les transitions, comme un compte à rebours ou une invite visuelle indiquant la prochaine activité, apporte de la clarté et réduit l'anxiété associée aux changements inattendus.

Les supports visuels de communication s'étendent aux interactions sociales au sein de la classe. Les indices visuels, tels que les graphiques d'expressions faciales, les visuels d'émotions ou les scripts sociaux, aident les personnes PDA à comprendre et à exprimer leurs émotions. Ces outils visuels fournissent des références concrètes pour naviguer dans les situations sociales et contribuent au développement des compétences de communication sociale.

Les organisateurs graphiques sont de précieux supports visuels pour organiser l'information et favoriser la flexibilité cognitive. Les personnes PDA peuvent bénéficier de cadres visuels qui les aident à structurer leurs pensées et leurs idées. Les enseignants peuvent présenter des organisateurs graphiques tels que des cartes mentales, des graphiques ou des diagrammes pour faciliter la compréhension, l'organisation et l'expression des informations. La personnalisation des organisateurs graphiques en fonction des préférences de chaque étudiant PDA garantit que ces outils s'alignent sur leurs styles de traitement cognitif uniques.

Les supports visuels sont particulièrement utiles pour clarifier les attentes et les conséquences. Des règles, attentes et directives comportementales claires et représentées visuellement contribuent à un environnement prévisible et structuré. Les rappels visuels des comportements attendus et des conséquences potentielles fournissent des références tangibles aux individus PDA, les aidant à comprendre les normes sociales et promouvant un comportement positif.

L'intégration de supports visuels pour les tâches académiques améliore l'accessibilité du matériel pédagogique. Des aides visuelles, telles que des graphiques, des diagrammes et des images, peuvent être intégrées aux leçons pour renforcer les concepts et faciliter la compréhension. Les enseignants peuvent utiliser des supports visuels pour décomposer des informations complexes, mettre en évidence les points clés et fournir un contexte supplémentaire, répondant aux atouts du traitement visuel des étudiants PDA.

Les supports visuels personnalisés offrent une approche individualisée pour répondre aux besoins spécifiques des étudiants PDA. Les enseignants peuvent travailler en collaboration avec chaque élève pour identifier et créer des supports visuels qui correspondent à leurs préférences et à leurs styles d'apprentissage. Ce processus collaboratif responsabilise les étudiants en leur permettant de contribuer au développement d'outils qui améliorent leur compréhension et leur engagement.

La cohérence dans l'utilisation des supports visuels est cruciale pour leur efficacité. Les éducateurs doivent établir une routine pour intégrer des supports visuels dans divers aspects de l'environnement d'apprentissage. Une utilisation cohérente favorise la familiarité et la prévisibilité, renforçant la structure visuelle qui favorise la compréhension et réduit l'anxiété des personnes PDA.

Les supports visuels peuvent s'étendre au-delà des outils individualisés pour inclure des affichages plus larges en classe et des modifications de l'environnement. La création d'une salle de classe visuellement organisée et stimulante améliore l'expérience d'apprentissage globale des étudiants PDA. Les affichages visuels, les étiquettes et les systèmes de codes couleurs contribuent à un environnement visuellement riche qui favorise l'organisation et la compréhension.

L'utilisation de la technologie pour les supports visuels offre des options dynamiques et interactives. Les applications éducatives, les présentations multimédias et les plateformes virtuelles peuvent être exploitées pour créer du matériel visuel attrayant. La technologie permet la personnalisation, permettant aux éducateurs d'adapter les supports visuels aux besoins et préférences spécifiques de chaque élève PDA.

Les éducateurs doivent être attentifs à l'impact sensoriel potentiel des supports visuels. Certaines personnes PDA peuvent avoir une sensibilité accrue aux stimuli visuels, et des ajustements peuvent être nécessaires pour créer un environnement visuellement favorable. Cela peut impliquer de prendre en compte des facteurs tels que les contrastes de couleurs, les niveaux de luminosité et l'emplacement des supports visuels dans la classe.

Une évaluation et un ajustement réguliers des supports visuels garantissent leur pertinence et leur efficacité continues. À mesure que les besoins et les préférences des étudiants PDA peuvent évoluer, les éducateurs doivent être proactifs en recherchant des commentaires et en apportant les modifications nécessaires aux outils visuels. Ce processus itératif contribue à une approche réactive et individualisée de la mise en œuvre du support visuel.

Chapitre 8

Gérer les comportements difficiles

De-escalation Techniques

La gestion efficace des comportements difficiles est un aspect essentiel de la création d'un environnement d'apprentissage favorable et sûr pour les élèves souffrant d'évitement des exigences pathologiques (PDA).

Les techniques de désescalade sont conçues pour réduire l'intensité d'une situation et empêcher l'escalade de comportements difficiles. Ces techniques reconnaissent les causes sous-jacentes des comportements difficiles chez les individus PDA, tels que l'anxiété, la surcharge sensorielle ou les difficultés de communication. En comprenant et en traitant ces déclencheurs, les éducateurs peuvent favoriser un environnement plus calme et plus favorable à la fois pour l'élève et pour l'ensemble de la classe.

Un aspect clé de la désescalade est de maintenir une attitude calme et posée. Les éducateurs jouent un rôle central en donnant le ton émotionnel de l'environnement, et rester calme lors de situations difficiles permet d'éviter une nouvelle escalade. Cela implique de réguler ses propres émotions, d'utiliser une voix calme et ferme et d'éviter un langage corporel conflictuel. Une présence posée rassure l'élève et favorise un sentiment de sécurité.

L'écoute active est une technique fondamentale de désescalade qui consiste à accorder toute son attention aux préoccupations et aux sentiments de l'élève. Cette technique reconnaît le point de vue de l'individu, valide ses émotions et démontre de l'empathie. En écoutant activement, les éducateurs communiquent un véritable intérêt pour la compréhension de l'expérience de l'élève, jetant ainsi les bases d'une résolution collaborative des problèmes.

Offrir des choix et des alternatives est une stratégie de désescalade qui responsabilise les individus PDA et réduit la résistance. Face à une situation difficile, offrir à l'élève des choix ou des options alternatives lui procure un sentiment de contrôle. Cette approche reconnaît leur libre arbitre et leur permet de prendre des décisions selon des paramètres appropriés, favorisant ainsi une interaction plus positive et collaborative.

Une communication claire et simple est cruciale lors de la désescalade. Utiliser un langage simple et éviter les instructions ambiguës ou complexes contribue à réduire la confusion et l'anxiété. Les éducateurs doivent communiquer clairement leurs attentes et fournir des informations concrètes sur la situation actuelle. La clarté dans la communication contribue à un environnement prévisible et gérable, soutenant le processus de désescalade.

L'utilisation stratégique de supports visuels peut contribuer à la désescalade en fournissant des indices et des rappels tangibles. Des horaires visuels, des fiches aide-mémoire ou des visuels apaisants peuvent être utilisés pour transmettre des informations visuellement, en complément des instructions verbales. Ces supports servent d'ancrage visuel pendant les moments de stress accru, favorisant la compréhension et réduisant le risque d'une nouvelle escalade.

Reconnaître et traiter les déclencheurs sensoriels est essentiel pour désamorcer les comportements difficiles chez les individus PDA. Les sensibilités sensorielles peuvent contribuer aux comportements d'anxiété et d'évitement, et les éducateurs doivent être sensibles à l'environnement sensoriel. La modification des éléments sensoriels, tels que l'éclairage, les niveaux de bruit ou l'accès aux outils sensoriels, peut créer une atmosphère plus confortable et apaisante.

La création d'un espace désigné calme ou sûr au sein de la classe constitue une stratégie proactive de désescalade. Les personnes PDA peuvent bénéficier d'une option de retraite où elles peuvent réguler leurs émotions et leurs expériences sensorielles. Cet espace doit être conçu en collaboration avec l'étudiant, en tenant compte de ses préférences pour les éléments sensoriels et en offrant un environnement confortable et apaisant.

La résolution collaborative de problèmes est une technique de désescalade qui consiste à travailler avec l'élève pour trouver des solutions. S'engager dans un dialogue collaboratif permet aux éducateurs et aux personnes PDA d'identifier les problèmes sous-jacents contribuant aux comportements difficiles et de développer des stratégies de résolution mutuellement acceptables. Cette approche responsabilise l'élève et favorise un sentiment d'appropriation de son comportement et de ses conséquences.

Il est essentiel que les éducateurs reçoivent une formation aux techniques de désescalade afin d'améliorer leur efficacité dans la gestion des comportements difficiles. Les programmes de formation peuvent fournir aux éducateurs des stratégies pratiques, un aperçu des besoins uniques des individus PDA et des conseils sur la création d'un environnement d'apprentissage favorable et inclusif. Le développement professionnel continu garantit que les éducateurs sont bien équipés pour réagir aux comportements difficiles de manière proactive et empathique.

Protocoles de gestion de crise et de sécurité

Même si les techniques proactives de désescalade sont essentielles pour prévenir et atténuer les comportements problématiques, les éducateurs doivent également être prêts à réagir efficacement aux situations de crise.

La gestion de crise implique une approche structurée et systématique pour faire face aux situations où les comportements difficiles ont dégénéré au point où une intervention immédiate est nécessaire. Les protocoles de sécurité sont conçus pour garantir la sécurité physique et émotionnelle de toutes les personnes impliquées, en mettant l'accent sur le recours aux interventions les moins restrictives et en donnant la priorité à la désescalade dans la mesure du possible.

L'établissement de plans de gestion de crise clairs et complets constitue une étape fondamentale dans la promotion d'un environnement d'apprentissage sûr. Ces plans doivent être élaborés en collaboration, impliquant les éducateurs, le personnel de soutien, les spécialistes et les administrateurs. La contribution des parents et des tuteurs est également précieuse pour adapter les plans de gestion de crise aux besoins uniques de l'individu PDA.

Le premier élément de la gestion des crises est l'élaboration de stratégies claires et spécifiques de prévention des crises. Ces stratégies visent à identifier les déclencheurs et les premiers signes d'escalade, permettant ainsi aux éducateurs d'intervenir de manière proactive avant qu'une crise ne se produise. Les stratégies de prévention peuvent inclure des modifications de l'environnement d'apprentissage, des routines structurées, des aménagements sensoriels et des plans de soutien personnalisés.

La formation et le développement professionnel jouent un rôle crucial pour garantir que les éducateurs sont bien préparés à mettre en œuvre des protocoles de gestion de crise et de sécurité. Les éducateurs devraient recevoir une formation sur la reconnaissance des signes d'escalade des comportements, la compréhension des besoins individualisés des individus PDA et l'utilisation de techniques de désescalade. Les mises à jour continues des formations aident les éducateurs à rester informés des meilleures pratiques et des approches fondées sur des données probantes.

L'établissement de protocoles de communication est essentiel lors des situations de crise. Des lignes de communication claires doivent être établies entre les éducateurs, le personnel de soutien, les administrateurs et, le cas échéant, les parents ou les tuteurs. Une communication efficace garantit que chacun est conscient de la situation, comprend son rôle et peut coordonner les efforts pour faire face à la crise de manière unifiée et en temps opportun.

La collaboration avec des professionnels externes, tels que des spécialistes du comportement ou des professionnels de la santé mentale, est précieuse dans la gestion de crise. Ces professionnels peuvent fournir des informations supplémentaires, des conseils sur les stratégies d'intervention en cas de crise et un soutien dans l'élaboration et la mise en œuvre de plans de gestion de crise. Les efforts de collaboration contribuent à une approche holistique et bien informée de la réponse aux crises.

Le développement de plans individualisés de réponse aux crises est crucial pour les individus PDA. Ces plans doivent décrire des stratégies et des interventions spécifiques adaptées aux déclencheurs et préférences uniques de chaque élève. Les éducateurs et le personnel de soutien doivent travailler en collaboration avec l'élève et son équipe de soutien pour créer un plan de réponse à la crise qui correspond à ses besoins individuels et favorise un sentiment de sécurité.

Les interventions physiques, lorsque cela est nécessaire, doivent être mises en œuvre avec le plus grand soin et dans le respect des protocoles de sécurité. La contention ou l'intervention physique ne doivent être utilisées qu'en dernier recours lorsque la sécurité de l'élève ou d'autrui est en danger immédiat. Les éducateurs devraient recevoir une formation spécialisée sur les techniques d'intervention physique sûres et appropriées afin de minimiser le risque de préjudice.

Le débriefing post-crise est un élément crucial de la gestion de crise. Une fois la situation de crise résolue, les éducateurs, le personnel de soutien et toute autre personne impliquée doivent s'engager dans un processus de débriefing. Cela implique de réfléchir à l'incident, d'identifier les facteurs qui ont contribué à la crise, d'évaluer l'efficacité de la réponse et de discuter des stratégies permettant de prévenir des incidents similaires à l'avenir. Les séances de débriefing favorisent un cycle d'apprentissage et d'amélioration continu, garantissant que les éducateurs peuvent affiner leurs approches de gestion de crise en fonction d'expériences du monde réel.

L'intégration d'une approche tenant compte des traumatismes est essentielle dans la gestion de crise pour les personnes PDA. Les comportements difficiles proviennent souvent d'une anxiété sous-jacente, de sensibilités sensorielles ou d'expériences traumatisantes passées. Les éducateurs doivent être formés à reconnaître les signes de traumatisme et à y répondre avec sensibilité et compréhension. La gestion de crise tenant compte des traumatismes implique de donner la priorité au bien-être émotionnel de l'élève et d'employer des stratégies qui minimisent les nouveaux traumatismes.

Des exercices et des séances de pratique régulières pour les scénarios de crise aident les éducateurs et le personnel de soutien à se familiariser avec les protocoles de gestion de crise. La conduite de situations de crise simulées permet une pratique pratique, un perfectionnement des techniques et une identification des domaines à améliorer. Des exercices réguliers contribuent à accroître la confiance et la préparation pour répondre aux situations de crise réelles.

Équilibrer le besoin de sécurité avec une approche tenant compte des traumatismes et la moins restrictive est crucial dans la gestion des crises. Les éducateurs doivent donner la priorité aux interventions qui minimisent le recours à la contention physique et se concentrer sur les techniques de désescalade. Une approche centrée sur la personne, qui prend en compte les besoins et préférences uniques de l'individu PDA, guide l'élaboration et la mise en œuvre de stratégies de gestion de crise.

Il est essentiel de veiller à ce que les plans de gestion de crise soient accessibles et communiqués efficacement à tous les membres du personnel. Le personnel doit connaître l'emplacement du matériel d'intervention en cas de crise, les coordonnées des personnes à contacter en cas d'urgence et les protocoles permettant de rechercher une aide supplémentaire. Un plan bien communiqué et facilement accessible améliore l'efficacité de la réponse aux crises et favorise un effort coordonné entre toutes les parties prenantes.

Au lendemain d'une situation de crise, il est essentiel de procéder à un examen et une analyse approfondis. Cela implique d'évaluer l'efficacité des stratégies de gestion de crise, d'identifier les domaines à améliorer et de mettre à jour les plans de gestion de crise en conséquence. Une approche d'amélioration continue garantit que les stratégies de réponse aux crises évoluent en fonction des besoins changeants de l'individu PDA et de l'environnement d'apprentissage global.

La collaboration avec les parents et les tuteurs dans la gestion des crises est inestimable. Partager des informations sur les plans d'intervention en cas de crise, fournir des mises à jour sur tout incident et solliciter l'avis des parents ou des tuteurs contribuent à un partenariat de collaboration et de soutien. L'implication des parents garantit une compréhension globale des besoins de l'individu PDA et permet une approche unifiée de la prévention et de l'intervention en cas de crise.

L'examen et la mise à jour réguliers des plans de gestion de crise sont un processus dynamique qui s'aligne sur l'évolution des besoins des personnes PDA. À mesure que les élèves grandissent et se développent, leurs déclencheurs, leurs préférences et leurs styles de communication peuvent changer. Par conséquent, les plans de gestion de crise doivent être réexaminés régulièrement, avec la contribution de l'élève, des parents, des tuteurs et de l'équipe éducative, pour garantir une pertinence et une efficacité continues.

Chapitre 9

Développement des compétences sociales

Faciliter les interactions avec les pairs

Faciliter les interactions avec les pairs est un élément clé du développement des compétences sociales pour les personnes souffrant d'évitement des exigences pathologiques (PDA).

Un aspect fondamental de la facilitation des interactions entre pairs consiste à favoriser la compréhension entre camarades de classe du PDA et de ses caractéristiques uniques. Les éducateurs peuvent mener des discussions ou des présentations adaptées à l'âge pour sensibiliser le public au PDA, en mettant l'accent sur les différences en matière de communication sociale, de traitement sensoriel et les besoins individualisés de leurs pairs porteurs de PDA. Une sensibilisation accrue favorise l'empathie et une atmosphère plus inclusive au sein de la classe.

Des programmes structurés de soutien par les pairs peuvent être mis en œuvre pour fournir une assistance ciblée aux personnes PDA lors des interactions sociales. Jumeler un étudiant doté d'un PDA avec un camarade qui a reçu une formation sur la compréhension et la prise en charge de ses besoins crée un système de soutien désigné. Les camarades de classe peuvent aider à combler les lacunes en matière de communication, fournir des signaux sociaux et faciliter un engagement positif avec d'autres camarades de classe.

Les éducateurs doivent encourager et modéliser des comportements inclusifs au sein de la classe. L'établissement d'une culture d'acceptation et de respect contribue à un environnement plus accueillant pour les personnes PDA. Les comportements inclusifs impliquent de promouvoir l'écoute active, de reconnaître et de valoriser divers styles de communication et d'apprécier les forces et les contributions de chaque membre de la classe, y compris ceux possédant un PDA.

Il est essentiel de créer des opportunités structurées d'interaction sociale au sein de la classe. Cela peut impliquer d'incorporer des activités de groupe, des projets collaboratifs ou un travail en partenariat qui encourage les individus PDA à s'engager avec leurs pairs. Les activités structurées fournissent un cadre pour l'interaction sociale, la rendant plus prévisible et gérable pour les personnes atteintes d'un PDA qui peuvent avoir des difficultés dans des contextes sociaux non structurés.

La mise en œuvre d'une formation aux compétences sociales pour l'ensemble de la classe profite non seulement aux étudiants dotés d'un PDA, mais également à leurs pairs. Les séances d'aptitudes sociales peuvent couvrir des sujets tels que la communication efficace, la compréhension des émotions et le respect des limites personnelles. Fournir des instructions explicites sur les attentes sociales et faciliter des discussions ouvertes aide les camarades de classe à développer de l'empathie et améliore leur capacité à interagir positivement avec les personnes atteintes de PDA.

Les éducateurs doivent surveiller activement et traiter tout cas d'exclusion sociale ou d'incompréhension au sein de la classe. Intervenir rapidement dans des situations où une personne PDA peut éprouver des difficultés sociales évite l'escalade des défis. Les enseignants peuvent favoriser une culture d'acceptation en luttant contre les idées fausses, en promouvant une communication ouverte et en renforçant la valeur des contributions uniques de chaque élève.

Des espaces sociaux sensoriels peuvent être désignés au sein de la classe pour répondre aux besoins sensoriels des personnes atteintes de PDA lors des interactions sociales. Ces espaces peuvent offrir un environnement plus calme et plus confortable, réduisant la surcharge sensorielle et favorisant une expérience sociale plus positive. Les éducateurs peuvent collaborer avec les personnes PDA pour créer des zones sensorielles qui correspondent à leurs préférences.

La mise en œuvre d'histoires sociales ou de scénarios de jeu de rôle adaptés aux situations sociales aide les individus PDA à gérer les interactions avec leurs pairs. Les histoires sociales fournissent un guide visuel et narratif qui décrit les comportements sociaux attendus, les réponses à des situations spécifiques et les solutions potentielles aux défis sociaux. Les activités de jeux de rôle offrent une approche pratique, permettant aux personnes atteintes de PDA de pratiquer et d'affiner leurs compétences sociales dans un environnement contrôlé.

Des enregistrements réguliers avec les individus PDA et leurs pairs fournissent des informations précieuses sur la dynamique des interactions sociales au sein de la classe. Les éducateurs peuvent organiser des réunions individuelles pour comprendre les expériences, les préoccupations et les réussites des individus PDA, favorisant ainsi une relation de soutien. De plus, les discussions de groupe permettent aux camarades de classe de partager leurs points de vue, de poser des questions et de contribuer à une communauté de classe collaborative et empathique.

Célébrer et mettre en valeur les forces individuelles au sein de la classe contribue à un environnement social positif. Les éducateurs peuvent créer des opportunités permettant aux étudiants de mettre en valeur leurs talents, leurs compétences ou leurs intérêts, favorisant ainsi un sentiment de fierté et d'accomplissement. Reconnaître et apprécier la diversité des capacités favorise une atmosphère inclusive dans laquelle les personnes atteintes de PDA se sentent valorisées pour leurs contributions uniques.

Enseigner les compétences sociales d'une manière adaptée aux PDA

Enseigner les compétences sociales d'une manière conviviale pour les PDA nécessite une compréhension des défis uniques en matière de communication sociale auxquels sont confrontés les individus souffrant d'évitement de la demande pathologique (PDA).

L'une des principales considérations dans l'enseignement des compétences sociales aux personnes atteintes de PDA est de reconnaître l'impact de l'anxiété sur les interactions sociales. L'anxiété, une caractéristique commune du PDA, peut s'intensifier dans les situations sociales, ce qui rend difficile pour les individus de gérer les signaux et les attentes sociales. Par conséquent, les éducateurs doivent adopter une approche patiente et compréhensive, reconnaissant les défis liés à l'anxiété que les personnes atteintes de PDA peuvent rencontrer lors des interactions sociales.

La mise en œuvre de supports visuels est cruciale pour enseigner les compétences sociales aux individus PDA. Les outils visuels, tels que les scripts sociaux, les fiches aide-mémoire ou les horaires visuels, fournissent des références concrètes et tangibles pour naviguer dans les situations sociales. Ces supports offrent un guide visuel des comportements attendus, des stratégies de communication et des étapes à suivre dans divers contextes sociaux. Les supports visuels améliorent la clarté et la prévisibilité, contribuant ainsi à une expérience d'apprentissage plus gérable et plus favorable.

L'utilisation d'un enseignement direct et explicite est essentielle pour enseigner les compétences sociales aux personnes atteintes de PDA. Exprimer clairement les attentes sociales, fournir des conseils étape par étape et proposer des exemples spécifiques aident les personnes atteintes de PDA à comprendre et à internaliser les règles sociales. L'enseignement direct est particulièrement efficace pour transmettre des informations de manière simple, réduire l'ambiguïté et promouvoir la clarté dans les interactions sociales.

L'intégration des intérêts et des préférences des personnes atteintes de PDA dans les cours de compétences sociales améliore l'engagement et la motivation. Adapter les activités de compétences sociales pour les aligner sur les intérêts uniques de l'individu favorise un sentiment de pertinence et d'investissement personnel. Par exemple, si un élève s'intéresse particulièrement à un sujet spécifique, l'intégration de scénarios sociaux associés dans les cours peut rendre l'expérience d'apprentissage plus agréable et plus significative.

Les objectifs et les plans individualisés en matière de compétences sociales contribuent à une approche ciblée et solidaire. En travaillant en collaboration avec l'individu, les éducateurs peuvent identifier des compétences sociales spécifiques à cibler et développer des stratégies d'amélioration personnalisées. Cette approche individualisée reconnaît les divers profils de communication sociale des personnes atteintes de PDA et adapte les interventions pour répondre à leurs besoins uniques.

Les activités de jeux de rôle constituent une méthode pratique et concrète pour mettre en pratique les compétences sociales dans un environnement contrôlé. S'engager dans des scénarios de jeu de rôle permet aux personnes atteintes de PDA de simuler des interactions sociales, d'expérimenter différentes réponses et de recevoir des commentaires dans un cadre favorable. Les activités de jeux de rôle offrent l'occasion de répéter les compétences et renforcent la confiance dans l'application des compétences sociales dans des situations réelles.

Le développement des compétences sociales d'échafaudage implique de fournir un soutien structuré aux personnes atteintes de PDA à mesure qu'elles acquièrent et mettent en pratique de nouvelles compétences. Les éducateurs peuvent réduire progressivement leur soutien à mesure que l'individu gagne en confiance et en compétence. L'échafaudage peut inclure la modélisation, l'incitation ou la fourniture d'indices visuels lors des interactions sociales. Cette libération progressive du soutien aide les personnes atteintes de PDA à développer leur indépendance dans leurs compétences sociales.

Encourager la conscience de soi et la réflexion fait partie intégrante du développement des compétences sociales des personnes atteintes de PDA. Les éducateurs peuvent guider les individus dans la réflexion sur leurs propres expériences sociales, identifier les points forts et les domaines à améliorer et fixer des objectifs sociaux personnels. Développer la conscience de soi favorise l'autorégulation et permet aux personnes atteintes de PDA de participer activement au développement de leurs compétences sociales.

Enseigner la réciprocité sociale, ou le donnant-donnant dans les interactions sociales, est un objectif clé du développement des compétences sociales des personnes atteintes de PDA. Mettre l'accent sur l'importance des échanges sociaux réciproques aide les personnes atteintes de PDA à naviguer dans les complexités des relations sociales. Les éducateurs peuvent utiliser des instructions explicites pour souligner la nature réciproque des conversations, des amitiés et des activités coopératives. Cet accent mis sur la réciprocité encourage les personnes atteintes de PDA à prendre en compte les perspectives et les besoins des autres dans leurs interactions sociales.

La mise en œuvre d'expériences sociales du monde réel de manière soutenue et structurée améliore le développement des compétences sociales des personnes atteintes de PDA. Les éducateurs peuvent organiser des opportunités d'interactions sociales dans un cadre contrôlé, permettant aux individus de mettre en pratique et de généraliser leurs compétences sociales. Ces expériences peuvent inclure des activités de groupe structurées, des projets coopératifs ou des sorties sociales avec des lignes directrices et un soutien clairs.

Les groupes de compétences sociales offrent un environnement structuré et favorable aux personnes atteintes de PDA pour apprendre et mettre en pratique des compétences sociales en groupe. Ces groupes, animés par des éducateurs ou des professionnels possédant une expertise en développement des compétences sociales, offrent une plateforme d'enseignement ciblé, de discussions de groupe et d'activités interactives. Les groupes de compétences sociales peuvent relever des défis sociaux spécifiques et offrir une expérience d'apprentissage collaboratif.

L'utilisation de la technologie comme outil de développement des compétences sociales répond aux préférences et aux intérêts des personnes atteintes d'un PDA. Les applications éducatives, les logiciels interactifs et les simulations virtuelles offrent des plateformes attrayantes pour pratiquer et renforcer les compétences sociales. La technologie peut fournir un espace sûr et contrôlé aux personnes atteintes d'un PDA pour expérimenter des scénarios sociaux, recevoir des commentaires et renforcer leur confiance.

Promouvoir la flexibilité des attentes sociales est important pour reconnaître et s'adapter aux styles de communication uniques des personnes atteintes de PDA. Les éducateurs peuvent insister sur l'idée qu'il n'existe pas d'approche unique en matière d'interactions sociales. Encourager la flexibilité des attentes sociales permet aux personnes atteintes de PDA de s'exprimer de manière authentique tout en naviguant efficacement dans les normes sociales.

Enseigner les compétences sociales d'une manière adaptée aux PDA implique de relever les défis de l'évitement de la demande. Les personnes atteintes de PDA peuvent résister ou éviter les demandes sociales, ce qui entraîne des difficultés potentielles à participer à des activités sociales. Les éducateurs peuvent recourir à des stratégies telles que proposer des choix, négocier les attentes et introduire progressivement des revendications sociales pour renforcer la tolérance et réduire la résistance.

L'intégration de l'humour et de la créativité dans les cours de compétences sociales améliore l'engagement et le plaisir des personnes atteintes de PDA. L'humour peut être un outil précieux pour établir des relations, favoriser les liens et créer une atmosphère sociale positive. Les activités créatives et interactives, telles que la narration, les jeux de rôle ou la création de projets liés aux compétences sociales, rendent l'expérience d'apprentissage agréable et mémorable.

Encourager le mentorat par les pairs et modéliser des comportements sociaux positifs profite aux personnes atteintes de PDA en fournissant des exemples concrets d'interactions sociales réussies. Les éducateurs peuvent identifier les pairs qui font preuve de solides compétences sociales et les inviter à servir de mentors ou de modèles. Le mentorat par les pairs favorise l'apprentissage social naturel et crée des opportunités de liens sociaux positifs au sein de la classe.

La promotion d'un état d'esprit de croissance dans le développement des compétences sociales encourage les personnes atteintes de PDA à considérer les défis comme des opportunités d'apprentissage et d'amélioration. Les éducateurs peuvent transmettre l'idée que les compétences sociales, comme toute autre compétence, peuvent être développées et affinées au fil du temps. Mettre l'accent sur la valeur de l'effort, de la persévérance et de la résilience dans le développement des compétences sociales favorise une approche positive et proactive.

Évaluer régulièrement les progrès et célébrer les réalisations en matière de développement des compétences sociales est important pour les personnes atteintes de PDA. Les enseignants peuvent collaborer avec les élèves pour fixer des objectifs sociaux réalistes et réalisables, suivre les progrès et reconnaître les réalisations. Reconnaître la croissance des compétences sociales renforce la confiance et renforce l'idée que l'amélioration est un processus continu et réalisable.

Chapitre 10

Pratiques inclusives et soutien par les pairs

Favoriser la compréhension entre pairs

Favoriser la compréhension entre les pairs est un aspect crucial de la création d'un environnement inclusif pour les personnes souffrant d'évitement des demandes pathologiques (PDA).

Une stratégie fondamentale pour favoriser la compréhension consiste à mettre en œuvre une éducation adaptée à l'âge sur le PDA en classe. Les éducateurs peuvent présenter le PDA comme faisant partie de la neurodiversité, en soulignant que les personnes atteintes de PDA ont des forces et des défis uniques dans leur communication sociale. Cette éducation peut être dispensée par le biais de discussions en classe, de présentations ou de conférenciers invités, fournissant des informations précises et dissipant les idées fausses sur le PDA.

L'intégration de récits et d'histoires personnelles dans les discussions en classe humanise l'expérience des personnes atteintes de PDA. Le partage d'histoires de résilience, de réalisations et d'expériences quotidiennes permet aux camarades de classe d'avoir un aperçu des expériences vécues par les personnes atteintes de PDA. Les récits personnels aident à briser les stéréotypes, favorisant une compréhension plus compatissante et empathique des défis rencontrés par leurs pairs avec PDA.

La promotion d'une communication et d'un dialogue ouverts en classe crée un espace inclusif pour discuter de la neurodiversité, y compris du PDA. Les éducateurs peuvent encourager les questions, faciliter les discussions et répondre aux préoccupations soulevées par les camarades de classe. Ce dialogue ouvert permet une expérience d'apprentissage collaboratif où les camarades de classe peuvent apprendre les uns des autres, partager leurs points de vue et contribuer à une culture de classe solidaire et inclusive.

S'engager dans des activités interactives qui simulent les expériences des personnes atteintes de PDA peut promouvoir l'empathie entre camarades de classe. Des simulations sensorielles, des scénarios de jeux de rôle ou des activités expérientielles qui reproduisent certains aspects des défis liés au PDA fournissent aux camarades de classe une compréhension directe des sensibilités sensorielles, de l'anxiété ou de l'évitement des exigences que les personnes atteintes d'un PDA peuvent éprouver.

Ces activités créent un lien tangible avec les expériences de leurs pairs.

L'intégration de pairs mentors ou d'ambassadeurs dans la classe favorise les interactions et les relations positives entre les personnes atteintes de PDA et leurs pairs. Les pairs mentors peuvent fournir des conseils, du soutien et de l'amitié, aidant ainsi à combler d'éventuelles disparités sociales. Les éducateurs peuvent jumeler des individus dotés d'un PDA à des pairs qui ont reçu une formation sur la compréhension de leurs besoins, créant ainsi un système de soutien naturel au sein de la classe.

L'utilisation d'aides visuelles et de matériel pour expliquer le PDA peut améliorer la compréhension entre les camarades de classe. Les ressources visuelles, telles que des graphiques, des diagrammes ou des vidéos, peuvent illustrer les aspects uniques du PDA, notamment les sensibilités sensorielles, les défis de communication et l'évitement de la demande. Les aides visuelles s'adaptent à divers styles d'apprentissage et fournissent une référence claire aux camarades de classe pour mieux comprendre les expériences des personnes atteintes de PDA.

Encourager les discussions en classe sur la diversité et l'acceptation contribue à une culture de compréhension. L'exploration des thèmes de l'empathie, de l'acceptation et du respect des différences favorise un état d'esprit positif et inclusif parmi les camarades de classe. Ces discussions créent des opportunités pour les individus de partager leurs points de vue, d'apprendre les uns des autres et de contribuer collectivement à un environnement d'apprentissage favorable.

La mise en œuvre de campagnes de sensibilisation par les pairs au sein de la communauté scolaire sensibilise au PDA et favorise une culture de compréhension. Ces campagnes peuvent inclure des affiches, des présentations ou des événements à l'échelle de l'école qui mettent en évidence les forces et les défis des personnes atteintes de PDA. En impliquant l'ensemble de la communauté scolaire, les éducateurs peuvent créer une culture plus large d'acceptation et de soutien à la neurodiversité.

L'intégration d'un langage inclusif dans les discussions en classe contribue à créer un environnement favorable et respectueux. Les éducateurs peuvent modéliser un langage inclusif en utilisant un langage axé sur la personne et en évitant les termes stigmatisants. Encourager les camarades de classe à utiliser un langage qui met l'accent sur l'individu plutôt que sur sa condition favorise une culture de respect et de dignité au sein de la classe.

Organiser des activités sociales qui favorisent l'interaction et l'établissement d'amitiés entre camarades de classe contribue au sentiment d'appartenance des personnes atteintes de PDA. Les activités de groupe structurées, les projets collaboratifs ou les événements sociaux créent des opportunités d'engagement social positif. Ces activités peuvent être conçues pour répondre aux besoins et aux préférences des personnes atteintes de PDA, garantissant ainsi qu'elles se sentent incluses et valorisées dans les contextes sociaux.

Vérifier régulièrement auprès des camarades de classe leur compréhension et leurs sentiments à l'égard de la neurodiversité, y compris le PDA, permet aux éducateurs d'évaluer l'efficacité des pratiques inclusives. Les enquêtes anonymes ou les discussions ouvertes fournissent des commentaires précieux sur l'impact des efforts de sensibilisation et aident à identifier les domaines à améliorer. Les mécanismes de rétroaction continue contribuent à l'amélioration continue des pratiques inclusives au sein de la classe.

Promouvoir une culture d'inclusion

La promotion d'une culture d'inclusion va au-delà de la sensibilisation et implique la création d'un environnement dans lequel les personnes atteintes de

PDA se sentent valorisées, respectées et pleinement intégrées dans la communauté de la classe.

Définir des attentes claires en matière de comportement inclusif au sein de la classe établit les bases d'une culture d'inclusion. Les éducateurs peuvent définir les attentes liées au respect, à l'empathie et à la collaboration, en soulignant que chaque élève, y compris ceux dotés d'un PDA, fait partie intégrante de la communauté de la classe. Des attentes clairement communiquées fournissent un cadre pour des interactions positives et favorisent un sentiment d'appartenance.

L'intégration de perspectives et de voix diverses dans le programme crée une expérience d'apprentissage plus inclusive pour tous les élèves. Les éducateurs peuvent choisir du matériel, de la littérature et des exemples qui reflètent une variété d'horizons, de capacités et d'expériences. Cette approche inclusive reconnaît la diversité au sein de la classe et favorise un sentiment de représentation pour les personnes atteintes de PDA et leurs pairs.

L'adoption d'une approche basée sur les forces reconnaît et célèbre les talents et capacités uniques des personnes atteintes de PDA. Les éducateurs peuvent activement mettre en valeur les points forts des personnes atteintes de PDA, qu'il s'agisse de la pensée créative, de la résolution de problèmes ou de domaines d'intérêt spécifiques. Cette approche renforce un récit positif et remet en question les stéréotypes, favorisant une culture où les contributions de chaque élève sont valorisées.

La mise en œuvre d'un enseignement flexible et différencié s'adapte aux divers styles d'apprentissage et besoins des personnes atteintes de PDA. Les éducateurs peuvent proposer des méthodes alternatives pour démontrer leur compréhension, proposer des délais flexibles pour les devoirs ou intégrer des stratégies pédagogiques variées. La différenciation garantit que les personnes atteintes de PDA peuvent accéder au programme d'études d'une manière qui correspond à leurs forces et préférences.

L'établissement d'un système de camaraderie au sein de la classe favorise le soutien des pairs et favorise des relations positives. Les éducateurs peuvent jumeler les personnes atteintes d'un PDA à un copain qui connaît leurs besoins et peut leur offrir de l'aide si nécessaire. Le système de jumelage crée un réseau de soutien naturel, encourageant les camarades de classe à collaborer et garantissant que les personnes atteintes de PDA ont un allié désigné au sein de la classe.

La création d'un environnement sensoriel soutient les personnes atteintes de PDA en abordant les sensibilités sensorielles et en favorisant une expérience d'apprentissage plus confortable. Les éducateurs peuvent mettre en œuvre des modifications sensorielles, telles qu'un éclairage réglable, des espaces calmes ou l'accès à des outils sensoriels, pour répondre aux besoins sensoriels des personnes atteintes d'un PDA. Un environnement respectueux des sens contribue à une classe plus inclusive et accessible.

Encourager les projets collaboratifs et les activités de groupe offre aux personnes atteintes de PDA la possibilité de travailler aux côtés de leurs pairs. Les projets collaboratifs favorisent un sentiment de travail d'équipe, permettant aux étudiants de tirer parti de leurs forces uniques et de contribuer à des objectifs communs. Ces activités favorisent les interactions sociales positives et créent une culture où la diversité est valorisée dans les efforts de collaboration.

La création d'un réseau de soutien par les pairs implique de former des camarades de classe pour apporter assistance et compréhension aux personnes atteintes de PDA. Les éducateurs peuvent organiser des séances de formation sur le soutien par les pairs, couvrant des sujets tels que la communication efficace, la conscience sensorielle et les stratégies pour soutenir les camarades de classe équipés d'un PDA. Les réseaux de soutien par les pairs créent une culture dans laquelle les camarades de classe contribuent activement à l'inclusion et au bien-être de leurs pairs.

La promotion des compétences d'auto-représentation permet aux personnes atteintes de PDA d'exprimer leurs besoins et leurs préférences en classe. Les éducateurs peuvent travailler en collaboration avec des personnes atteintes de PDA pour développer des stratégies d'auto-représentation, telles que l'utilisation d'outils de communication, la demande d'aménagements sensoriels ou la participation à des réunions de plan d'éducation individualisé (PEI). Favoriser l'auto-représentation contribue à une culture dans laquelle les personnes atteintes de PDA ont un pouvoir d'action et sont reconnues comme des participants actifs à leur expérience éducative.

La mise en œuvre de pratiques réparatrices dans la résolution des conflits favorise une culture de compréhension et de réconciliation au sein de la classe. Lorsque des conflits surviennent, les éducateurs peuvent guider les élèves dans des conversations réparatrices qui mettent l'accent sur l'empathie, la communication et la résolution. Les pratiques réparatrices favorisent un environnement positif et inclusif dans lequel les personnes atteintes de PDA se sentent entendues et soutenues pour relever les défis.

Célébrer la neurodiversité et l'inclusion à travers des événements ou des initiatives à l'échelle de l'école renforce une culture d'acceptation. Les semaines de sensibilisation, les assemblées ou les projets axés sur la neurodiversité offrent à l'ensemble de la communauté scolaire l'occasion de se rassembler pour soutenir l'inclusivité. Ces événements créent un engagement commun à favoriser un environnement où chacun, quelle que soit sa neurodivergence, se sent valorisé et inclus.

Établir une boucle de rétroaction pour une amélioration continue implique de solliciter l'avis des personnes atteintes de PDA, de leurs pairs et des parents. Des séances de feedback ou des enquêtes régulières peuvent être menées pour recueillir des informations sur l'efficacité des pratiques inclusives, les domaines à améliorer et des suggestions pour améliorer la culture globale de l'inclusion. L'implication de toutes les parties prenantes garantit que diverses perspectives contribuent au développement continu d'un environnement éducatif inclusif.

La promotion d'une culture d'inclusion s'étend au-delà de la salle de classe pour impliquer les parents et les tuteurs. Les éducateurs peuvent impliquer activement les parents dans des discussions sur les pratiques inclusives, partager des informations sur les PDA et solliciter des commentaires sur des stratégies qui fonctionnent bien à la maison. La collaboration entre les éducateurs et les parents contribue à une approche holistique et cohérente de l'inclusion, renforçant les pratiques positives dans différents environnements.

Garantir l'accessibilité des espaces physiques et des ressources est essentiel pour créer un environnement inclusif. Les éducateurs peuvent collaborer avec les administrateurs pour évaluer et éliminer les obstacles potentiels dans l'environnement scolaire, tels que les entrées, les toilettes et les salles de classe accessibles. Les mesures d'accessibilité contribuent à créer une atmosphère accueillante dans laquelle tous les individus, y compris ceux possédant un PDA, peuvent naviguer confortablement dans l'environnement scolaire.

Créer un sentiment de communauté au sein de la classe implique de favoriser des relations positives entre les élèves, les parents et les éducateurs. Les événements en classe, les conférences parents-enseignants et les projets collaboratifs créent des opportunités pour les personnes atteintes de PDA et leurs pairs de se connecter à un niveau personnel. Un fort sentiment de communauté renforce les valeurs d'inclusion et de soutien collectif au sein du cadre éducatif.

L'établissement d'une politique de tolérance zéro face au harcèlement et à la discrimination renforce l'engagement à créer un environnement sûr et inclusif. Les éducateurs peuvent communiquer des attentes claires en matière de comportement respectueux, traiter rapidement les cas d'intimidation et fournir des ressources pour la résolution des conflits. Une politique de tolérance zéro envoie un message fort selon lequel la discrimination ou les mauvais traitements envers tout étudiant, y compris ceux possédant un PDA, ne seront pas tolérés.

Encourager les initiatives d'inclusion dirigées par les étudiants permet aux personnes atteintes de PDA et à leurs pairs de jouer un rôle actif dans la promotion d'une culture d'acceptation. Les éducateurs peuvent aider les étudiants à organiser des clubs, des campagnes de sensibilisation ou des événements axés sur l'inclusivité et la neurodiversité. Les initiatives dirigées par les étudiants offrent une plate-forme permettant aux personnes atteintes de PDA de présenter leurs forces et leurs contributions.

La mise en œuvre de pratiques inclusives dans les évaluations garantit que les personnes atteintes de PDA ont des opportunités équitables de démontrer leur compréhension. Les enseignants peuvent offrir de la flexibilité dans les formats d'évaluation, offrir du temps ou des aménagements supplémentaires et envisager des méthodes alternatives pour évaluer les connaissances. Les évaluations inclusives reflètent un engagement à reconnaître les divers styles d'apprentissage et les besoins de tous les élèves, promouvant une expérience éducative juste et accessible.

Revoir et renforcer régulièrement les pratiques inclusives grâce à des opportunités de développement professionnel pour les éducateurs améliore la durabilité d'une culture inclusive. Des ateliers, des sessions de formation ou des discussions collaboratives axés sur la neurodiversité, le PDA et les stratégies d'enseignement inclusif offrent aux éducateurs un soutien et des ressources continus. Les opportunités de développement professionnel contribuent à un environnement d'apprentissage continu qui évolue avec les besoins changeants des étudiants.

Chapitre 11

Développement professionnel pour les éducateurs

Formation et ressources pour la sensibilisation aux PDA

Le développement professionnel des éducateurs joue un rôle central dans la création d'un environnement d'apprentissage inclusif et favorable pour les personnes souffrant d'évitement de la demande pathologique (PDA).

Commencer le développement professionnel par une formation de base sur PDA est essentiel. Les enseignants bénéficient d'un aperçu complet des caractéristiques, des défis et des atouts associés au PDA. Cette formation initiale jette les bases de la compréhension des besoins uniques des élèves atteints de PDA, permettant aux éducateurs d'adapter leurs stratégies pédagogiques et leurs mécanismes de soutien en conséquence.

Des sessions de formation approfondies qui explorent les aspects nuancés de l'évitement de la demande sont cruciales. Comprendre les subtilités de la façon dont les personnes atteintes de PDA peuvent répondre aux demandes et naviguer dans les interactions sociales permet aux éducateurs d'anticiper les défis et de mettre en œuvre des stratégies proactives. Ces séances peuvent couvrir des sujets tels que la gestion de l'anxiété, les sensibilités sensorielles et les stratégies de communication efficaces adaptées aux besoins des personnes atteintes de PDA.

L'utilisation d'études de cas et de scénarios réels dans la formation améliore l'applicabilité pratique de la sensibilisation aux PDA. Les éducateurs peuvent s'engager dans des discussions et des analyses de cas spécifiques, en se plongeant dans les diverses expériences des personnes atteintes de PDA en milieu éducatif. Les études de cas fournissent des informations précieuses sur les diverses manifestations du PDA et permettent aux éducateurs de mieux comprendre les défis potentiels et les interventions efficaces.

L'intégration des points de vue des personnes atteintes de PDA et de leurs familles enrichit le développement professionnel. Des conférenciers invités, des tables rondes ou des entretiens enregistrés mettant en vedette des personnes atteintes de PDA et leurs familles fournissent des récits de première main de leurs expériences. Ces récits personnels humanisent les défis et les succès associés au PDA, favorisant l'empathie et un lien plus profond avec les réalités vécues par les personnes concernées.

Les éducateurs devraient être initiés à une variété de stratégies pédagogiques et comportementales qui soutiennent les personnes atteintes de PDA. Les sessions de formation peuvent couvrir la mise en œuvre de supports visuels, un enseignement différencié, des aménagements sensoriels et des interventions comportementales positives. Doter les éducateurs d'une boîte à outils diversifiée de stratégies garantit une approche flexible et individualisée pour répondre aux besoins des élèves atteints de PDA.

Les opportunités de formation collaborative avec des professionnels spécialisés en PDA contribuent à une compréhension multidisciplinaire. Inviter des psychologues, des thérapeutes ou des experts en PDA à partager leurs idées et leur expertise améliore la profondeur du développement professionnel. La formation collaborative favorise une perspective holistique, incorporant diverses disciplines pour répondre efficacement aux besoins complexes des personnes atteintes de PDA.

Les séances de formation devraient aborder l'intersectionnalité du PDA avec d'autres conditions neurodéveloppementales. Les éducateurs peuvent rencontrer des élèves atteints de PDA qui souffrent également de conditions concomitantes telles que le TDAH, l'autisme ou les troubles anxieux. Comprendre comment ces conditions se croisent et s'influencent mutuellement est crucial pour fournir un soutien global. Le perfectionnement professionnel devrait aborder les stratégies permettant de répondre aux besoins uniques des personnes présentant un diagnostic double ou multiple.

Des mises à jour continues sur les dernières recherches et développements dans le domaine des PDA garantissent que les éducateurs restent informés et équipés des connaissances actuelles. Le développement professionnel devrait inclure des opportunités pour les éducateurs de s'engager dans des articles de recherche pertinents, d'assister à des conférences ou de participer à des webinaires. Se tenir au courant des idées émergentes et des meilleures pratiques permet aux éducateurs d'affiner leurs approches en fonction de l'évolution de la compréhension du PDA.

La création d'un référentiel de ressources pour référence continue est un aspect précieux du développement professionnel. Les enseignants devraient avoir accès à une collection organisée d'articles, de livres, de sites Web et d'autres documents fournissant des informations détaillées sur le PDA. Ce référentiel de ressources sert de référence incontournable pour les éducateurs qui recherchent des informations supplémentaires, des stratégies ou des perspectives sur le soutien aux personnes atteintes d'un PDA.

Des scénarios simulés et des exercices de jeux de rôle offrent aux éducateurs une expérience pratique dans l'application de stratégies prenant en charge les PDA. Ces exercices créent un espace sûr permettant aux éducateurs de s'entraîner à mettre en œuvre des stratégies de soutien, à répondre aux demandes d'évitement et à gérer des situations difficiles. Le jeu de rôle améliore la transférabilité des connaissances des sessions de formation aux scénarios réels en classe.

Faciliter les discussions et les forums entre les éducateurs encourage le partage d'expériences et de connaissances. L'établissement d'une communauté de pratique où les éducateurs peuvent discuter des défis, partager des histoires de réussite et échanger des stratégies favorise un réseau de soutien. Ces discussions fournissent une plate-forme d'apprentissage et de collaboration continus, contribuant à un effort collectif visant à affiner les pratiques inclusives des PDA.

Le mentorat par les pairs au sein de la communauté scolaire peut constituer un élément précieux du développement professionnel. Les éducateurs expérimentés qui ont soutenu avec succès des étudiants atteints de PDA peuvent servir de mentors à leurs collègues. Le mentorat par les pairs consiste à partager des connaissances pratiques, à fournir des conseils et à offrir un soutien basé sur des expériences directes, créant ainsi un environnement d'apprentissage collaboratif.

La mise en œuvre d'une boucle de rétroaction pour le développement professionnel permet aux éducateurs de donner leur avis sur l'efficacité des séances de formation. Les mécanismes de rétroaction, tels que les enquêtes ou les discussions de groupe, permettent de recueillir des informations sur les expériences, les préférences et les lacunes perçues des éducateurs en matière de développement professionnel. Ce processus de rétroaction itératif permet une amélioration continue de la conception et de la prestation des formations de sensibilisation aux PDA.

Possibilités de formation continue

Les opportunités de formation continue garantissent que les éducateurs restent au courant de l'évolution des connaissances et des meilleures pratiques en matière de soutien aux personnes atteintes de PDA.

La participation à des cours avancés sur PDA offre aux éducateurs des connaissances spécialisées au-delà de la formation de sensibilisation de base. Ces cours peuvent approfondir des sujets avancés tels que l'analyse du comportement, les interventions cognitivo-comportementales et la planification éducative individualisée pour les étudiants atteints de PDA. Les cours avancés offrent aux éducateurs une compréhension plus approfondie des pratiques et des stratégies fondées sur des preuves adaptées aux besoins complexes des personnes atteintes de PDA.

Les sessions de formation avancée devraient aborder les nuances du soutien aux étudiants dotés d'un PDA à différents niveaux d'enseignement. Les éducateurs travaillant avec des élèves du primaire, du collège ou du lycée peuvent être confrontés à des défis et à des considérations de développement distincts. La formation avancée peut explorer des stratégies spécifiques à l'âge, des modifications pédagogiques et des interventions comportementales adaptées aux besoins uniques des élèves à différentes étapes de leur parcours éducatif.

La participation à des conférences axées sur les conditions neurodéveloppementales, y compris le PDA, expose les éducateurs à une perspective plus large et à un éventail de connaissances d'experts. Les conférences offrent la possibilité d'assister à des ateliers, de dialoguer avec des chercheurs et d'entrer en contact avec des professionnels d'horizons divers. Assister à des conférences favorise une approche collaborative et interdisciplinaire pour comprendre et soutenir les personnes atteintes de PDA.

La participation à des webinaires et à des cours en ligne offre une flexibilité aux éducateurs à la recherche d'opportunités de formation continue. Les plateformes en ligne offrent un accès pratique à du contenu spécialisé, permettant aux enseignants d'apprendre à leur propre rythme. Les webinaires mettant en vedette des experts en PDA, les modules interactifs et les cours virtuels contribuent au développement professionnel continu, en particulier pour les éducateurs aux horaires chargés.

La participation à des projets de recherche-action au sein de la communauté scolaire permet aux éducateurs d'appliquer et d'affiner leurs connaissances dans un contexte réel. La recherche-action implique d'étudier systématiquement des défis spécifiques ou de mettre en œuvre des interventions, de collecter des données et de réfléchir aux résultats. S'engager dans la recherche-action permet aux éducateurs de contribuer au développement de pratiques fondées sur des données probantes au sein de leur propre cadre éducatif.

La collaboration avec des professionnels d'autres disciplines, tels que des orthophonistes, des ergothérapeutes ou des psychologues, améliore la compréhension des éducateurs de la nature multidimensionnelle du PDA. Les séances conjointes de développement professionnel et les projets collaboratifs favorisent la collaboration interdisciplinaire, permettant aux éducateurs d'intégrer des connaissances de divers domaines dans leurs stratégies de soutien aux personnes atteintes de PDA.

Les opportunités de formation continue devraient inclure des mises à jour sur les changements dans les politiques et réglementations éducatives liées à la neurodiversité. Rester informé des cadres juridiques, des exigences d'adaptation et de l'évolution des politiques éducatives garantit que les éducateurs peuvent défendre efficacement les droits et les besoins des étudiants atteints de PDA. La formation continue dans ce domaine permet aux éducateurs de naviguer dans les processus administratifs et de défendre les droits des étudiants neurodivergents.

La participation à des groupes d'étude ou à des clubs de lecture axés sur la littérature liée au PDA et à la neurodiversité offre aux éducateurs un environnement d'apprentissage collaboratif et réflexif. Les enseignants peuvent sélectionner des textes clés, des articles de recherche ou des ouvrages pertinents à explorer en groupe. Des discussions régulières permettent aux participants de partager des idées, d'échanger des perspectives et d'approfondir collectivement leur compréhension du PDA. Les groupes d'étude contribuent à une culture d'apprentissage continu et de soutien mutuel entre les éducateurs.

La collaboration avec des organisations locales ou nationales dédiées à la neurodiversité et au plaidoyer des PDA améliore l'accès des éducateurs aux ressources et aux opportunités de réseautage. Ces organisations proposent souvent des ateliers, des séminaires et des ressources spécialement adaptés aux éducateurs. S'engager avec des groupes de défense relie les éducateurs à une communauté plus large de professionnels, de parents et de défenseurs, favorisant un engagement commun à faire progresser la compréhension et le soutien des personnes atteintes de PDA.

Offrir aux éducateurs la possibilité de poursuivre des études de troisième cycle ou des certifications en neurodiversité améliore leur expertise et leurs références. Les diplômes ou certifications avancés en éducation spécialisée, en analyse appliquée du comportement ou dans des domaines connexes offrent aux éducateurs une compréhension complète des pratiques fondées sur des preuves pour soutenir les personnes atteintes de PDA. Ces qualifications avancées contribuent à leur croissance professionnelle et à leur efficacité pour répondre aux divers besoins des étudiants neurodivergents.

L'intégration d'opportunités d'apprentissage expérientiel, telles que l'observation au poste de travail ou les expériences de stage, permet aux éducateurs d'observer les stratégies efficaces de soutien des PDA en action. Collaborer avec des professionnels expérimentés ou visiter des écoles proposant des programmes réussis incluant les PDA offre une exposition directe aux meilleures pratiques. L'apprentissage expérientiel améliore la capacité des éducateurs à traduire les connaissances théoriques en interventions pratiques centrées sur l'étudiant au sein de leurs propres salles de classe.

Encourager les éducateurs à partager leurs connaissances et leurs expériences par le biais d'opportunités de mentorat ou de formation contribue à une culture de développement professionnel collaboratif. Les éducateurs expérimentés peuvent servir de mentors à leurs pairs, en leur offrant des conseils sur les pratiques inclusives des PDA et en partageant les enseignements tirés de leurs propres expériences. Cet échange réciproque de connaissances favorise une communauté d'apprentissage solidaire au sein de l'établissement d'enseignement.

Donner accès à des ressources spécialisées, telles que des forums en ligne, des bulletins d'information ou des revues axées sur les PDA, permet aux éducateurs d'être informés des dernières recherches et développements. L'abonnement à des publications pertinentes et la participation à des communautés en ligne facilitent l'apprentissage continu et le partage d'informations. L'accès à des ressources spécialisées garantit que les éducateurs peuvent rester au courant des connaissances évolutives et des approches innovantes pour soutenir les personnes atteintes de PDA.

L'établissement de partenariats avec des universités ou des instituts de recherche menant des études sur la neurodiversité améliore l'accès des éducateurs à la recherche et à l'expertise de pointe. La collaboration avec des chercheurs permet aux éducateurs de contribuer au développement de pratiques fondées sur des données probantes tout en tirant parti des derniers résultats de la recherche. Ces partenariats créent un échange dynamique entre le monde universitaire et des applications pratiques dans les milieux éducatifs.

Encourager les éducateurs à devenir membres professionnels d'organisations liées à la neurodiversité ou à l'éducation spécialisée offre un soutien continu et des opportunités de réseautage. L'adhésion à des organisations professionnelles connecte les éducateurs à une communauté plus large, offrant un accès à des conférences, des publications et des initiatives collaboratives. La participation active aux adhésions professionnelles favorise un sentiment d'identité professionnelle et un engagement envers une croissance continue.

Favoriser une culture de réflexion et d'auto-évaluation parmi les éducateurs contribue au développement professionnel continu. Encourager les éducateurs à réfléchir régulièrement à leurs pratiques, à rechercher des commentaires et à identifier les domaines à améliorer favorise une approche proactive de la croissance professionnelle. Les outils d'auto-évaluation, les journaux de réflexion ou les évaluations par les pairs peuvent être des éléments précieux d'un cadre d'amélioration continue pour les éducateurs qui soutiennent les personnes atteintes d'un PDA.

Conclusion

En concluant le guide sur le soutien aux personnes souffrant d'évitement de la demande pathologique (PDA) en milieu éducatif, il est crucial de souligner l'importance durable du plaidoyer continu. Le plaidoyer n'est pas une entreprise unique ; il s'agit plutôt d'un engagement continu à comprendre, à faire preuve d'empathie et à défendre les droits et les besoins des personnes atteintes de PDA. En tant qu'éducateurs, parents, professionnels et défenseurs, nos efforts collectifs jouent un rôle central dans la création d'environnements inclusifs et dans la promotion de la réussite des personnes atteintes de PDA.

Avant tout, le parcours du plaidoyer implique un dévouement inébranlable à la sensibilisation. En partageant continuellement leurs connaissances sur le PDA, en dissipant les mythes et en promouvant une compréhension plus profonde de ses subtilités, les défenseurs contribuent à construire une société plus informée et plus compatissante. Cette prise de conscience ne se limite pas à la communauté immédiate mais s'étend aux décideurs politiques, aux établissements d'enseignement et au grand public, favorisant une culture d'acceptation et de soutien.

Un plaidoyer continu nécessite également de s'adapter à l'évolution des connaissances et des meilleures pratiques. Le domaine de la neurodiversité, y compris le PDA, est dynamique, la recherche découvrant continuellement de nouvelles facettes de ces pathologies. Les défenseurs doivent rester informés des derniers développements, participer aux recherches en cours et intégrer les stratégies émergentes dans leurs efforts de plaidoyer. Cet engagement à se tenir au courant des progrès garantit que le plaidoyer reste pertinent, efficace et aligné sur les besoins changeants des personnes atteintes de PDA.

La collaboration est la pierre angulaire d'un plaidoyer efficace. L'établissement de partenariats solides avec d'autres défenseurs, éducateurs, professionnels et membres de la communauté amplifie l'impact des initiatives de plaidoyer. En mettant en commun leurs ressources, en partageant leurs expériences et en favorisant un sentiment de communauté, les défenseurs créent un front uni qui peut influencer un changement positif. Les initiatives de plaidoyer collaboratif peuvent inclure des campagnes de sensibilisation, des événements communautaires et des efforts conjoints pour relever les défis systémiques auxquels sont confrontées les personnes atteintes de PDA.

En outre, un plaidoyer continu nécessite de la résilience face aux défis. Les défenseurs peuvent se heurter à des résistances, à des idées fausses ou à des obstacles systémiques qui nécessitent de la persévérance. Le parcours n'est pas toujours linéaire, mais chaque pas en avant contribue à un environnement plus inclusif et plus solidaire. Célébrer les réussites, aussi minimes soient-elles, et tirer les leçons des échecs font partie intégrante des efforts de plaidoyer soutenus.

L'éducation et le développement professionnel sont des objectifs permanents pour les défenseurs. À mesure que la compréhension du PDA évolue, les défenseurs doivent rechercher activement des opportunités d'élargir leurs connaissances, de s'engager dans un apprentissage continu et d'affiner leurs stratégies de plaidoyer. En restant curieux, ouverts d'esprit et engagés en faveur de la croissance, les défenseurs peuvent mieux naviguer dans les complexités de la PDA et contribuer de manière significative au bien-être des personnes concernées.

En fin de compte, l'encouragement à un plaidoyer continu réside dans le pouvoir transformateur de l'action collective. Chaque conversation, présentation et initiative de plaidoyer contribue à un changement culturel plus large vers l'inclusion et la compréhension. En défendant constamment les besoins et les droits des personnes atteintes de PDA, les défenseurs deviennent des catalyseurs de changements positifs dans les systèmes éducatifs, les attitudes sociétales et le bien-être général des personnes vivant avec une PDA.

Le parcours peut être difficile, mais l'impact des efforts de plaidoyer est profond et durable. Avec un engagement en faveur de la sensibilisation, de la collaboration, de la résilience, de la formation continue et du pouvoir de l'action collective, les défenseurs peuvent créer un changement transformateur, garantissant que les personnes atteintes de PDA sont acceptées, soutenues et responsabilisées dans leur parcours éducatif et au-delà.